Matemática para o Ensino Fundamental

Caderno de Atividades
6º ano
volume 3

Manoel Benedito Rodrigues

3ª Edição

São Paulo
2024

Digitação, Diagramação : Sueli Cardoso dos Santos - suly.santos@gmail.com
Elizabeth Miranda da Silva - elizabeth.ms2015@gmail.com

www.editorapolicarpo.com.br
contato: contato@editorapolicarpo.com.br

Dados Internacionais de Catalogação, na Publicação (CIP)

(Câmara Brasileira do Livro, SP, Brasil)

Rodrigues, Manoel Benedito.

Matémática / Manoel Benedito Rodrigues.
- São Paulo: Editora Policarpo, **3ª Ed. - 2024**
ISBN: 978-65-88667-34-7
1. Matemática 2. Ensino fundamental
I. Rodrigues, Manoel Benedito II. Título.

Índices para catálogo sistemático:

Todos os direitos reservados à:
EDITORA POLICARPO LTDA
Rua Dr. Rafael de Barros, 175 - Conj. 01
São Paulo - SP - CEP: 04003-041
Tel.: (11) 3288-0895 / 3284-8916

Índice

I	**FRAÇÕES** 1

1 - Introdução...1
2 - Operações..29
3 - Problemas..43
4 - Frações decimais e números decimais...57

II	**PRINCÍPIO FUNDAMENTAL DE CONTAGEM (PFC)**..75

III	**PROBABILIDADES**..85

IV	**INTERPRETAÇÃO DE GRÁFICOS**...95

V	**TÓPICOS DE GEOMETRIA**..107

1 - Áreas de alguns polígonos..107
2 - Esquadros..118
3 - Prismas..127
4 - Pirâmides...132

I FRAÇÕES

1 – Introdução

1) Exemplos iniciais

I) A soma de 8 parcelas, todas iguais a 3 é igual a $8 \cdot 3 = 24$.

Cada parcela é dita **um oitavo** de 24 e escrevemos $\frac{1}{8}$ de 24.

A soma de duas parcelas é dita **dois oitavos** de 24 escrevemos $\frac{2}{8}$ de 24.

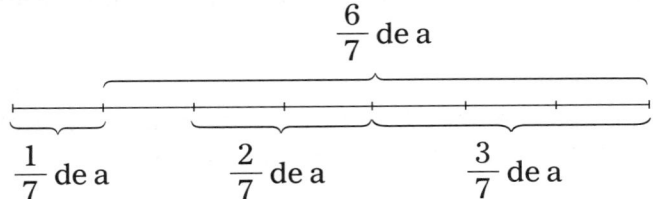

Os números $\frac{1}{8}, \frac{2}{8}, \frac{3}{8}, \frac{4}{8}$ e $\frac{5}{8}$, que representam em quantas parcelas iguais foi dividido o total e quantas destas foram tomadas, são chamados frações.

II) Considere um segmento de medida **a**, dividido em 7 partes iguais.

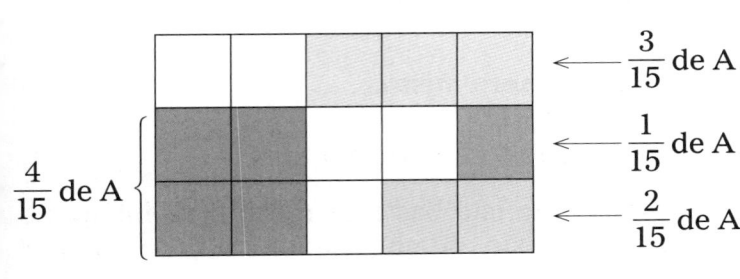

Os números que representam o que cada parte representa de **a** são chamados frações.

$\frac{1}{7}$ = um sétimo, $\frac{2}{7}$ = dois sétimos, etc...

III) Considere um retângulo de área **A** dividido em 15 retângulos de áreas iguais.

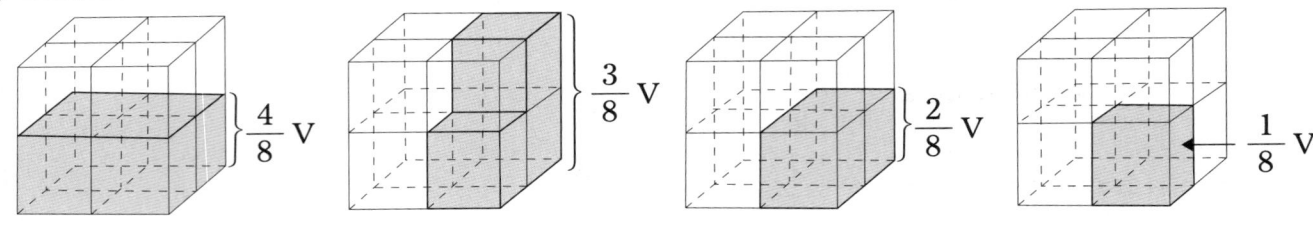

Os números $\frac{1}{15}, \frac{2}{15}, \frac{3}{15}, \frac{4}{15}$, etc, são chamados frações. E eles indicam o que a área da parte sombreada representa da área total **A**.

IV) Considere um cubo de volume **V** dividido em 8 cubos de volumes iguais.

Os números $\frac{4}{8}, \frac{3}{8}, \frac{2}{8}, \frac{1}{8}$, etc, são chamados frações e indicam que partes os volumes das partes destacados representam do volume total **V**.

2) Numerador e denominador

O número que indica em quantos partes iguais o total foi dividido é chamado denominador da fração e o número de partes que foram tomadas é chamado numerador da fração.

numerador $\longrightarrow \frac{3}{15} \longleftarrow$ traço de fração $\longrightarrow \frac{5}{8} \longleftarrow$ numerador
denominador $\longrightarrow$ $\phantom{\frac{3}{15}}$ $\phantom{\frac{5}{8}}$ $\longleftarrow$ denominador

3) Leitura

$\frac{1}{2}$ = um meio ou apenas meio, $\frac{2}{3}$ = dois terços, $\frac{1}{5}$ = um quinto, $\frac{5}{7}$ = cinco sétimos

$\frac{1}{10}$ = um décimo, $\frac{3}{10}$ = três décimos, $\frac{1}{20}$ = um vigésimo, $\frac{5}{20}$ = cinco vigésimos,

$\frac{7}{15}$ = sete quinze avos, $\frac{3}{14}$ = três catorze (ou quatorze) avos

$\frac{1}{15}$ = um quinze avo. Isto para ser coerente com $\frac{1}{8}$ = um oitavo, $\frac{1}{10}$ = um décimo, $\frac{1}{7}$ = um sétimo $\frac{1}{20}$ = um vigésimo, etc. Alguns autores e dicionários escrevem

$\frac{1}{15}$ = um quinze avos, $\frac{1}{12}$ = um doze avos, etc...

4) Fração própria:
É a fração não nula com numerador menor que o denominador.

São frações próprias: $\frac{2}{7}$, $\frac{5}{8}$, $\frac{1}{8}$, $\frac{7}{13}$, $\frac{17}{43}$, $\frac{18}{36}$, etc...

5) Fração imprópria e número misto

Considere dois retângulos congruentes "iguais" e cada um dividido em 6 partes iguais, como mostra as figuras, e vamos sombrear um inteiro e parte do outro e verificar quantos sextos foram sombreados.

 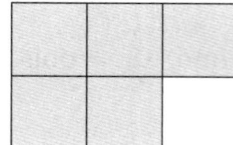

Sombreando 6 sextos de um e 5 sextos do outro, a parte sombreada corresponde a onze sextos de um retângulo.

Escrevemos: $\frac{11}{6}$ = onze sextos ou $1\frac{5}{6}$ = um inteiro e cinco sextos.

$\frac{11}{6}$ é chamada **fração imprópria** e $1\frac{5}{6}$ é chamado **número misto.**

A fração imprópria é aquela cujo numerador é maior que o denominador.

Elas podem ser transformadas em números mistos. Para isto basta extrairmos os inteiros e escrevemos após o número inteiro a fração própria com o resto no numerador e o denominador original.

Exemplos:

1) $\frac{17}{5}$ = fração imprópria. $\begin{array}{r|l}17 & 5 \\ 2 & 3\end{array}$ ⇒ $\frac{17}{5} = 3\frac{2}{5}$

2) $\frac{23}{4}$ = fração imprópria. $\begin{array}{r|l}23 & 4 \\ 3 & 5\end{array}$ ⇒ $\frac{23}{4} = 5\frac{3}{4}$

3) $\frac{10}{7} = 1\frac{3}{7}$, $\frac{20}{9} = 2\frac{2}{9}$, $\frac{49}{5} = 9\frac{4}{5}$, $\frac{7}{5} = 1\frac{2}{5}$, $\frac{5}{4} = 1\frac{1}{4}$

Para transformarmos um número misto em fração imprópria, multiplicamos o denominador pelo número inteiro e somamos o produto obtido com o numerador, mantendo o denominador:

$3\frac{2}{5} = \frac{5 \cdot 3 + 2}{5} = \frac{17}{5}$, $1\frac{1}{8} = \frac{8 \cdot 1 + 1}{8} = \frac{9}{8}$, $5\frac{3}{4} = \frac{4 \cdot 5 + 3}{4} = \frac{23}{4}$, $7\frac{2}{3} = \frac{23}{3}$.

6) Fração aparente

Quando o numerador for múltiplo do denominador a fração é chamada de fração aparente. Ela é igual a um número inteiro.

Exemplos: $\frac{12}{3}=4$, $\frac{25}{5}=5$, $\frac{7}{7}=1$, $\frac{21}{3}=7$, $\frac{24}{4}=6$, etc...

7) Frações equivalentes

Considere dois retângulos congruentes ("iguais"), o primeiro dividido em 8 partes iguais e o segundo em 4 partes iguais. Vamos sombrear 6 oitavos do primeiro e 3 quartos do segundo e observar as áreas das regiões obtidas.

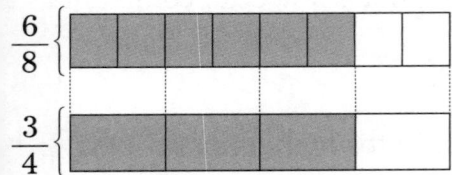

Note que as áreas das regiões são iguais. Sendo A a área do retângulo, temos: $\frac{6}{8}$ de $A = \frac{3}{4}$ de A.

Dizemos que $\frac{6}{8}$ e $\frac{3}{4}$ são frações equivalentes.

Como $\frac{6}{8}$ e $\frac{3}{4}$ são os mesmos números racionais (números racionais serão vistos mais adiante), dizemos que $\frac{6}{8} = \frac{3}{4}$.

8) Simplificação de frações

Quando os termos de uma fração não são primos entre si, é possível reduzi-la a uma fração equivalente com termos primos entre si. E esta forma será chamada fração irredutível. Para isso basta dividirmos o numerador e denominador pelo máximo divisor comum deles, ou dividirmos sucessivamente por fatores comuns até obtemos termos primos entre si.

Exemplos:
1) $\frac{20}{25} = \frac{20:5}{25:5} = \frac{4}{5} = $ fração irredutível.

2) $\frac{24}{36} = \frac{24:2}{36:2} = \frac{12}{18} = \frac{12:2}{18:2} = \frac{6}{9} = \frac{6:3}{9:3} = \frac{2}{3} = $ fração irredutível.

3) $\frac{56}{64} = \frac{56:8}{64:8} = \frac{7}{8} = $ fração irredutível.

As divisões podem ser feitas mentalmente:

$\frac{4}{6} = \frac{2}{3}$, $\frac{9}{15} = \frac{3}{5}$, $\frac{16}{24} = \frac{2}{3}$, $\frac{49}{56} = \frac{7}{8}$, $\frac{35}{40} = \frac{7}{8}$, $\frac{5}{15} = \frac{1}{3}$, $\frac{17}{51} = \frac{1}{3}$.

9) Frações equivalentes a uma irredutível

Dada uma fração irredutível, podemos obter infinitas frações equivalentes a ela. Para isto basta multiplicar o numerador e o denominador dela por um número natural diferente de zero.

Exemplo:

1) $\frac{2}{3} = \frac{2 \cdot 2}{3 \cdot 2} = \frac{4}{6}$, $\frac{2}{3} = \frac{2 \cdot 3}{3 \cdot 3} = \frac{6}{9}$, $\frac{2}{3} = \frac{2 \cdot 5}{3 \cdot 5} = \frac{10}{15}$, $\frac{2}{3} = \frac{2 \cdot 13}{3 \cdot 13} = \frac{26}{39}$, etc....

2) $\frac{5}{7} = \frac{10}{14}$, $\frac{5}{7} = \frac{15}{21}$, $\frac{5}{7} = \frac{20}{28}$, $\frac{5}{7} = \frac{30}{42}$, $\frac{5}{7} = \frac{35}{49}$, $\frac{5}{7} = \frac{50}{70}$, $\frac{5}{7} = \frac{55}{77}$, etc....

10) Números racionais não negativos ($\mathbb{Q}_+$)

Todo número que pode ser escrito na forma $\frac{a}{b}$ com a e b naturais, com $b \neq 0$ é chamado **racional não negativo**. Se a = 0, obtemos $\frac{0}{b} = 0$ e se $a \neq 0$, obtemos os racionais positivos.

$$\mathbb{Q}_+ = \left\{ x \mid x = \frac{a}{b} \wedge a \in \mathbb{N} \wedge b \in \mathbb{N}^* \right\}$$

Obs.: 1) Todo número natural é também racional

$7 = \frac{7}{1}, \quad 4 = \frac{4}{1}, \quad 8 = \frac{8}{1}, \quad 0 = \frac{0}{1}, \quad 1 = \frac{1}{1},$ etc...

2) Quando um número racional positivo não for natural, ele pode ser escrito como uma fração própria ou imprópria.

3) Toda fração própria é um número que está entre 0 e 1

4) Entre dois número naturais consecutivos quaisquer há infinitos números racionais

11) Números racionais não negativos na reta dos números reais

Aqui estão os números racionais não negativos (há também outros números)

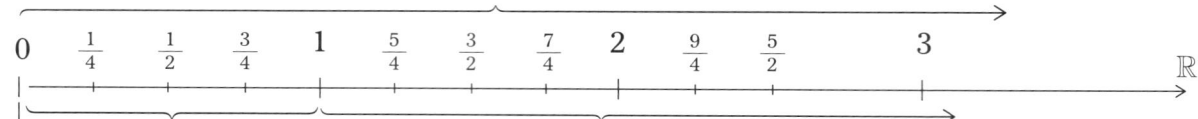

Aqui estão as frações próprias   Aqui estão as frações impróprias

Obs.: Podemos dividir cada unidade em quantas partes quisermos, para obter entre dois naturais consecutivos quantos racionais quisermos.

Dividindo a unidade em 20 partes obtemos entre 0 e 1 os números $\frac{1}{20}, \frac{2}{20}, \frac{3}{20}, \ldots \frac{19}{20}$.

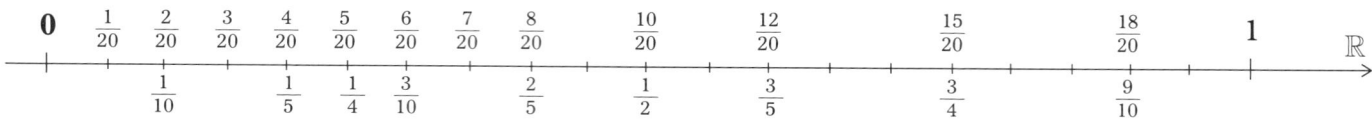

1 Os número a, b, c, e d são frações e indicam que fração da soma 18 representam as partes destacadas pelas chaves. Determinar as frações a, b, c e d.

$$\underbrace{\overbrace{2 + 2}^{a} + 2}_{c} + \underbrace{\overbrace{2 + 2 + 2 + 2}^{b} + 2 + 2}_{d} = 9 \cdot 2 = 18$$

a =   , b =   , c =   , d =

2 Na figura temos um segmento de medida **n** dividido em 10 partes iguais. Os números a, b, c e d são frações e indicam que frações de **n**, representam as partes destacadas pela chave. Determinar a, b, c e d.

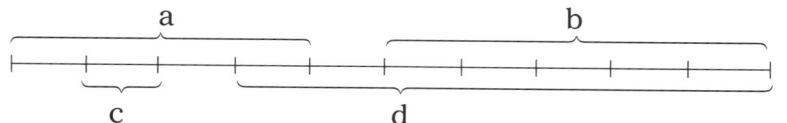

a =   , b =   , c =   , d =

3 Na figura temos dois retângulos, cada um com área A, e divididos em números de partes iguais (cada um em um número). Os números a, b, c, d, e, f são frações e indicam que frações de A representam as áreas sombreadas destacadas pelas chaves. Determinar a, b, c, d, e, f.

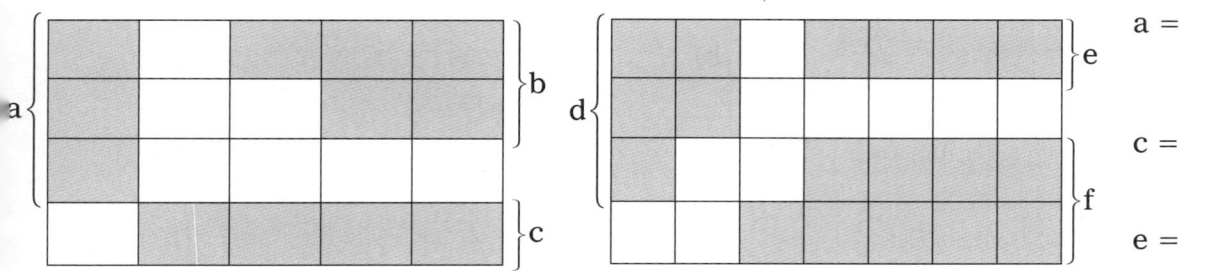

a =   b =

c =   d =

e =   f =

4 Em cada caso temos um círculo dividido em partes iguais. Indicar ao lado de cada figura que fração a parte sombreada é do círculo.

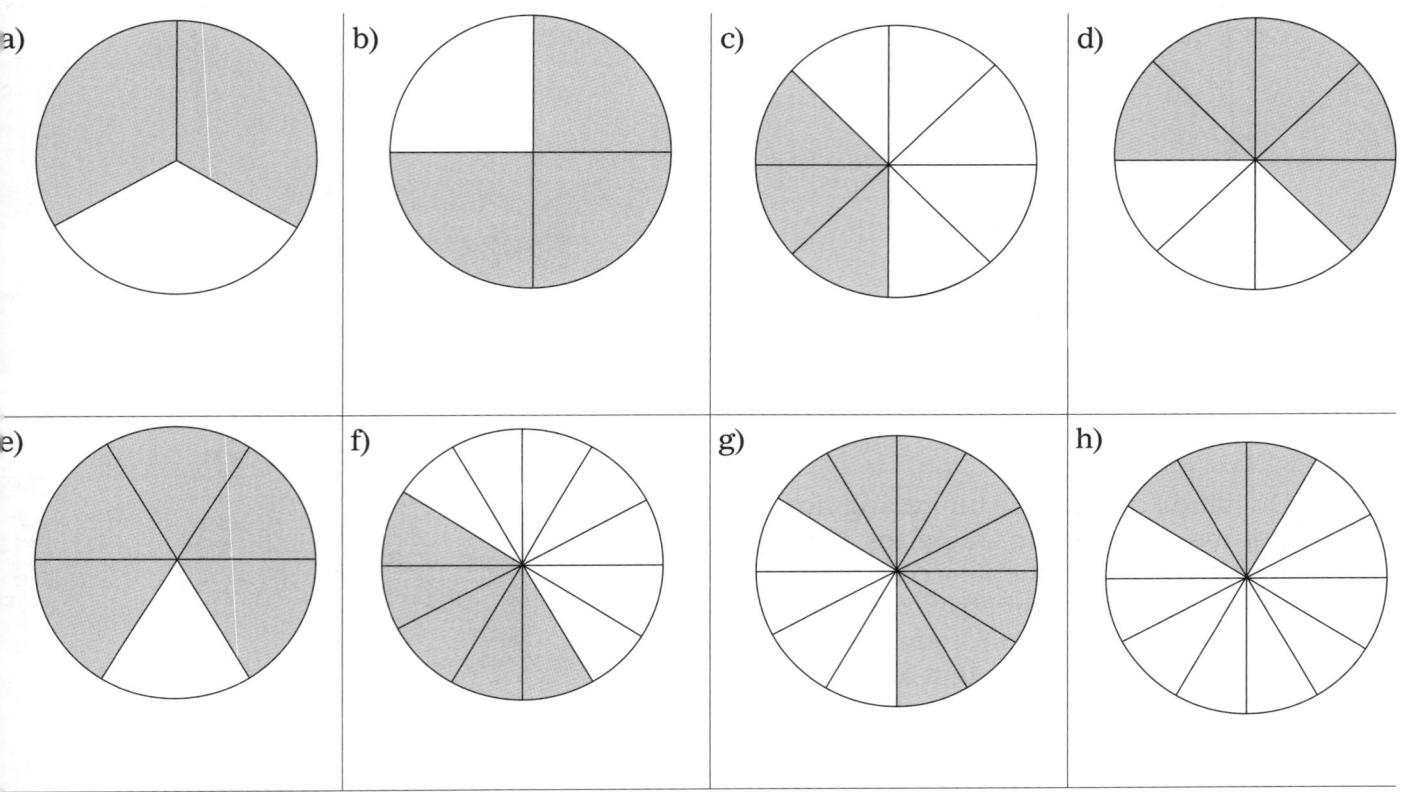

5 Traçando uma mediana (segmento com extremidades em um vértice e no ponto médio do lado oposto) de um triângulo, ela divide o triângulo em dois outros de áreas iguais. Dizer, em cada caso, que fração a área destacada é da área do triângulo maior.

a) AM é mediana do ABC e os outros segmentos são medianas dos trângulos determinados.

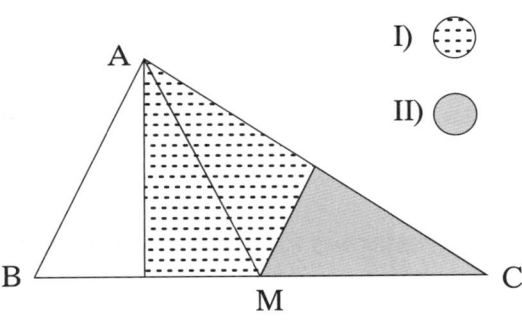

I) ⣏⣉⣹
II) ⬤

b) As três medianas de um triângulo determinam nele 6 triângulos menores de áreas iguais. AM, BN e CP são medianas.

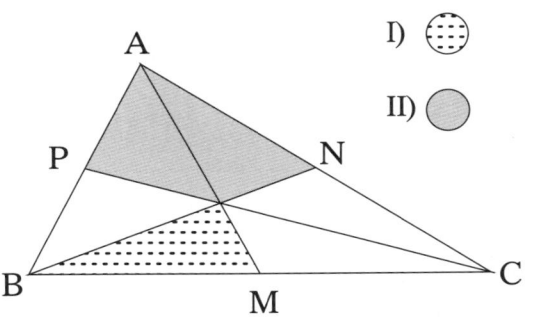

I) ⣏⣉⣹
II) ⬤

6 Se pelo centro de um paralelogramo traçarmos retas paralelas aos lados e depois as diagonais dos 4 paralelogramos menores determinados, dividimos o paralelogramo original em triângulos de áreas iguais. Dizer, em cada caso, que fração a área destacada é da área total.

a)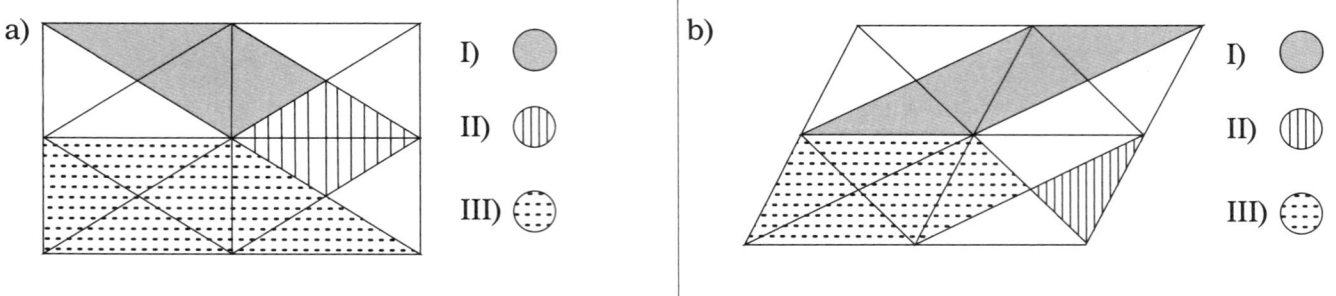
b)

7 Se tomarmos sobre um lado de um triângulo, pontos que o dividem em partes iguais, ligando estes pontos ao vértice oposto, os triângulos menores obtidos têm áreas iguais. Dizer em, cada caso, que fração a área destacada é da área do triângulo maior.

a)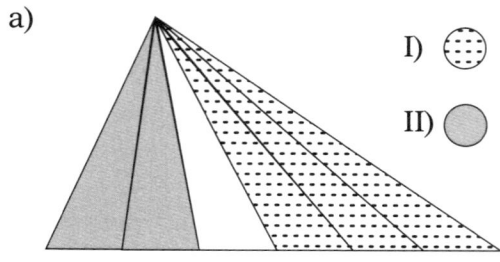
b)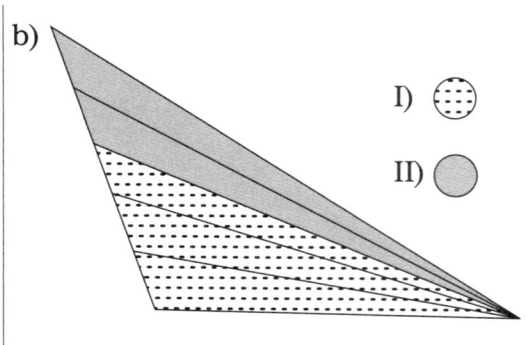

8 Dividindo os lados de um retângulo em um mesmo número de partes iguais e traçandos os segmentos com extremidades em pontos simétricos em relação ao centro (ver figura), todos os menores triângulos obtidos têm áreas iguais. Determinar que fração cada área destacada é da área do retângulo.

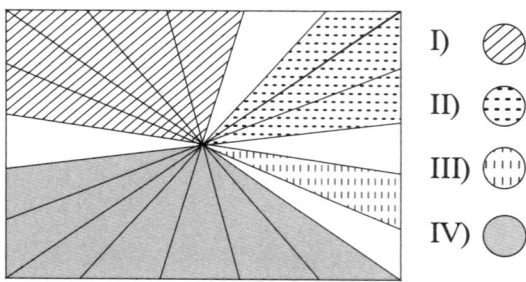

9 Várias caixas iguais em forma de um cubo estavam empilhadas, formando um paralelepípedo retângulo. A figura mostra a situação após algumas caixas terem sido retiradas. Nenhuma camada inteira foi retirada. Pergunta - se:

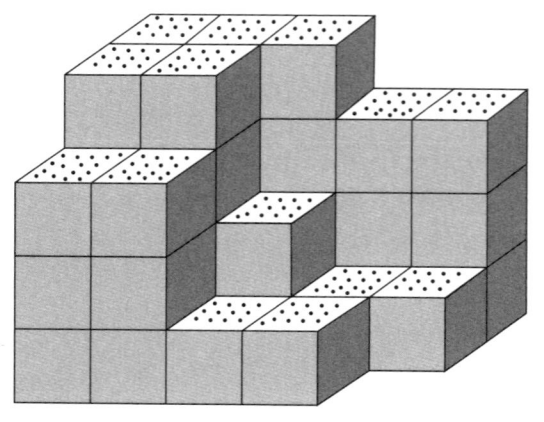

a) Quantas caixas havia inicialmente no monte?

b) Quantas foram retiradas?

c) O número de caixas retiradas é que fração do número total de caixas?

d) O número de caixas restantes é que fração do número total de caixas?

10 Escrever como se lê, as seguintes frações:

a) $\dfrac{5}{7}$ b) $\dfrac{7}{9}$

c) $\dfrac{1}{9}$ d) $\dfrac{1}{10}$

e) $\dfrac{3}{10}$ f) $\dfrac{5}{11}$

g) $\dfrac{6}{13}$ h) $\dfrac{7}{15}$

i) $\dfrac{5}{20}$ j) $\dfrac{1}{12}$

k) $\dfrac{1}{100}$ l) $\dfrac{15}{100}$

11 Classificar em própria (P), imprópria (I) ou aparente (A), as seguintes frações:

a) $\dfrac{3}{7}$ ( ) $\dfrac{1}{8}$ ( ) $\dfrac{14}{7}$ ( ) $\dfrac{15}{7}$ ( )

b) $\dfrac{12}{16}$ ( ) $\dfrac{18}{20}$ ( ) $\dfrac{40}{18}$ ( ) $\dfrac{28}{7}$ ( )

c) $\dfrac{35}{45}$ ( ) $\dfrac{45}{35}$ ( ) $\dfrac{12}{6}$ ( ) $\dfrac{6}{12}$ ( )

d) $\dfrac{5}{3}$ ( ) $\dfrac{3}{5}$ ( ) $\dfrac{2}{10}$ ( ) $\dfrac{10}{2}$ ( )

12 Transformar em número misto as seguintes frações impróprias. Fazer a divisão para obter a parte inteira e o resto.

a) $\dfrac{19}{5} =$ b) $\dfrac{56}{9} =$

c) $\dfrac{43}{5} =$ d) $\dfrac{79}{8} =$

e) $\dfrac{182}{23} =$ f) $\dfrac{217}{17} =$

13 Pela tabuada verificar, mentalmente, qual é o maior múltiplo do denominador que cabe no numerador, tire-o do numerador, para obter o resto, e escreva o número misto equivalente, nos casos:

a) $\dfrac{10}{3} =$ $\dfrac{7}{5} =$ $\dfrac{8}{5} =$ $\dfrac{9}{2} =$ $\dfrac{13}{5} =$

b) $\dfrac{13}{2} =$ $\dfrac{17}{3} =$ $\dfrac{17}{5} =$ $\dfrac{23}{4} =$ $\dfrac{25}{4} =$

c) $\dfrac{27}{4} =$ $\dfrac{29}{4} =$ $\dfrac{31}{4} =$ $\dfrac{43}{8} =$ $\dfrac{45}{8} =$

d) $\dfrac{47}{8} =$ $\dfrac{36}{7} =$ $\dfrac{37}{7} =$ $\dfrac{38}{7} =$ $\dfrac{65}{9} =$

Resp: **1** a) $\dfrac{3}{9}$ b) $\dfrac{5}{9}$ c) $\dfrac{2}{9}$ d) $\dfrac{4}{9}$ **2** a) $\dfrac{4}{10}$ b) $\dfrac{5}{10}$ c) $\dfrac{1}{10}$ d) $\dfrac{7}{10}$ **3** a) $\dfrac{3}{20}$

b) $\dfrac{5}{20}$ c) $\dfrac{4}{20}$ d) $\dfrac{5}{28}$ e) $\dfrac{4}{28}$ f) $\dfrac{9}{28}$ **4** a) $\dfrac{2}{3}$ b) $\dfrac{3}{4}$ c) $\dfrac{3}{8}$ d) $\dfrac{5}{8}$

e) $\dfrac{5}{6}$ f) $\dfrac{5}{12}$ g) $\dfrac{8}{12}$ h) $\dfrac{3}{12}$ **5** a) I $\dfrac{2}{4}$; II $\dfrac{1}{4}$ b) I $\dfrac{1}{6}$; II $\dfrac{2}{6}$

14 Tranformar em fração imprópria os seguintes números mistos.

a) $3\frac{2}{5} = \frac{5 \cdot 3 + 2}{5} = \frac{15}{5}$

b) $1\frac{3}{7} =$

c) $5\frac{4}{7} =$

d) $6\frac{3}{10} =$

e) $8\frac{5}{9} =$

f) $23\frac{2}{3} =$

15 Fazendo as operações mentalmente, transformar em fração imprópria o número misto, nos casos:

a) $5\frac{2}{7} =$	$1\frac{3}{4} =$	$2\frac{3}{5} =$	$1\frac{7}{8} =$
b) $2\frac{8}{9} =$	$3\frac{2}{5} =$	$4\frac{5}{8} =$	$6\frac{3}{8} =$
c) $9\frac{1}{2} =$	$8\frac{2}{3} =$	$7\frac{2}{5} =$	$5\frac{2}{7} =$
d) $7\frac{1}{7} =$	$5\frac{2}{5} =$	$6\frac{5}{6} =$	$4\frac{3}{4} =$

16 Dois inteiros e três quintos $\left(2\frac{3}{5}\right)$ significa dois inteiros mais três quintos. Então, $2\frac{3}{5} = 2 + \frac{3}{5}$.

Fazendo as operações mentalmente, transformar as seguintes somas em frações impróprias.

a) $3 + \frac{2}{5} =$	$2 + \frac{3}{7} =$	$1 + \frac{3}{7} =$	$2 + \frac{3}{8} =$
b) $4 + \frac{1}{7} =$	$5 + \frac{1}{8} =$	$1 + \frac{1}{9} =$	$1 + \frac{12}{13} =$
c) $3 + \frac{2}{11} =$	$4 + \frac{3}{10} =$	$8 + \frac{1}{3} =$	$7 + \frac{6}{5} =$

17 Dar o número natural que são as seguintes frações aparentes:

a) $\frac{15}{3} =$	$\frac{28}{4} =$	$\frac{42}{6} =$	$\frac{54}{6} =$	$\frac{63}{9} =$	$\frac{72}{8} =$
b) $\frac{56}{8} =$	$\frac{56}{7} =$	$\frac{42}{3} =$	$\frac{52}{4} =$	$\frac{51}{3} =$	$\frac{108}{3} =$

18 Em cada caso temos duas frações equivalentes. Dizer por qual número foi multiplicado o numerador e o denominador da primeira, para se obter a segunda.

a) $\frac{2}{3} = \frac{4}{6}$	$\frac{5}{7} = \frac{15}{21}$	$\frac{4}{5} = \frac{16}{20}$	$\frac{3}{4} = \frac{15}{20}$
b) $\frac{8}{9} = \frac{16}{18}$	$\frac{3}{11} = \frac{9}{33}$	$\frac{4}{9} = \frac{16}{36}$	$\frac{1}{3} = \frac{8}{24}$
c) $\frac{6}{7} = \frac{24}{28}$	$\frac{7}{9} = \frac{56}{72}$	$\frac{5}{12} = \frac{30}{72}$	$\frac{5}{13} = \frac{35}{91}$

19 Em cada caso temos duas frações equivalentes. Dizer por qual número foi dividido o numerador e o denominador da primeira, para se obter a segunda.

a) $\dfrac{8}{10} = \dfrac{4}{5}$	$\dfrac{15}{25} = \dfrac{3}{5}$	$\dfrac{24}{32} = \dfrac{3}{4}$	$\dfrac{36}{45} = \dfrac{4}{5}$
b) $\dfrac{18}{24} = \dfrac{3}{4}$	$\dfrac{35}{42} = \dfrac{5}{6}$	$\dfrac{18}{27} = \dfrac{2}{3}$	$\dfrac{32}{42} = \dfrac{16}{21}$
c) $\dfrac{36}{42} = \dfrac{6}{7}$	$\dfrac{40}{60} = \dfrac{2}{3}$	$\dfrac{45}{60} = \dfrac{3}{4}$	$\dfrac{36}{84} = \dfrac{3}{7}$

20 Escrever duas frações equivalentes a fração dada, com numeradores e denominadores naturais os menores possíveis e diferentes entre si, nos casos.

a) $\dfrac{3}{5} =$	b) $\dfrac{2}{7} =$	c) $\dfrac{4}{5} =$
d) $\dfrac{5}{6} =$	e) $\dfrac{6}{7} =$	f) $\dfrac{8}{9} =$
g) $\dfrac{1}{15} =$	h) $\dfrac{2}{15} =$	i) $\dfrac{7}{9} =$
j) $\dfrac{3}{8} =$	k) $\dfrac{7}{16} =$	l) $\dfrac{13}{14} =$

21 Completar, de modo que a fração obtida seja equivalente à fração dada, nos casos:

a) $\dfrac{5}{7} = \dfrac{10}{\;\;}$	b) $\dfrac{3}{8} = \dfrac{9}{\;\;}$	c) $\dfrac{2}{5} = \dfrac{\;\;}{15}$	d) $\dfrac{3}{7} = \dfrac{\;\;}{35}$
e) $\dfrac{4}{9} = \dfrac{28}{\;\;}$	f) $\dfrac{5}{3} = \dfrac{\;\;}{27}$	g) $\dfrac{3}{5} = \dfrac{33}{\;\;}$	h) $\dfrac{7}{9} = \dfrac{\;\;}{54}$
i) $\dfrac{36}{48} = \dfrac{\;\;}{24}$	j) $\dfrac{36}{48} = \dfrac{\;\;}{12}$	k) $\dfrac{36}{48} = \dfrac{6}{\;\;}$	l) $\dfrac{36}{48} = \dfrac{3}{\;\;}$
m) $\dfrac{54}{72} = \dfrac{6}{\;\;}$	n) $\dfrac{54}{72} = \dfrac{3}{\;\;}$	o) $\dfrac{24}{30} = \dfrac{\;\;}{5}$	p) $\dfrac{63}{54} = \dfrac{\;\;}{6}$

22 Completar de modo que sentença obtida seja verdadeira, nos casos:

a) $\dfrac{18}{\;\;} = \dfrac{2}{3}$	b) $\dfrac{\;\;}{81} = \dfrac{5}{9}$	c) $\dfrac{48}{\;\;} = \dfrac{6}{7}$	d) $\dfrac{\;\;}{63} = \dfrac{7}{9}$
e) $\dfrac{35}{\;\;} = \dfrac{5}{8}$	f) $\dfrac{20}{\;\;} = \dfrac{4}{13}$	g) $\dfrac{\;\;}{72} = \dfrac{3}{8}$	h) $\dfrac{\;\;}{52} = \dfrac{8}{13}$
i) $\dfrac{\;\;}{4} = \dfrac{27}{36}$	j) $\dfrac{10}{\;\;} = \dfrac{30}{45}$	k) $\dfrac{2}{\;\;} = \dfrac{30}{45}$	l) $\dfrac{6}{\;\;} = \dfrac{30}{45}$
m) $\dfrac{\;\;}{30} = \dfrac{36}{60}$	n) $\dfrac{\;\;}{5} = \dfrac{36}{60}$	o) $\dfrac{5}{\;\;} = \dfrac{40}{56}$	p) $\dfrac{9}{\;\;} = \dfrac{63}{49}$

Resp: **6** a) I $\dfrac{3}{16}$; II $\dfrac{2}{16}$; III $\dfrac{6}{16}$ b) I $\dfrac{4}{16}$; II $\dfrac{1}{16}$; III $\dfrac{5}{16}$ **7** a) I $\dfrac{3}{6}$; II $\dfrac{2}{6}$ b) I $\dfrac{3}{5}$; II $\dfrac{2}{5}$

8 a) I $\dfrac{5}{20}$; II $\dfrac{3}{20}$; III $\dfrac{1}{20}$; IV $\dfrac{7}{20}$ **9** a) $60 = 5 \cdot 3 \cdot 4$ b) 22   c) $\dfrac{22}{60}$ d) $\dfrac{38}{60}$

10 a) cinco sétimos   b) sete nonos   c) um nono   d) um décimo   e) três décimos   f) cinco onze avos
g) seis treze avos   h) sete quinze avos   i) cinco vigézimos   j) um doze avo   k) um centésimo   l) quinze centésimos

11 a) P; P; A; I   b) P; P; I; A   c) P; I; A; P   d) I; P; P; A   **12** a) $3\dfrac{4}{5}$ b) $6\dfrac{2}{9}$ c) $8\dfrac{3}{5}$

d) $9\dfrac{7}{8}$ e) $7\dfrac{21}{23}$ f) $12\dfrac{13}{17}$ **13** a) $3\dfrac{1}{3}; 1\dfrac{2}{5}; 1\dfrac{3}{5}; 4\dfrac{1}{2}; 2\dfrac{3}{5}$

b) $6\dfrac{1}{2}; 5\dfrac{2}{3}; 3\dfrac{2}{5}; 5\dfrac{3}{4}; 6\dfrac{1}{4}$ c) $6\dfrac{3}{4}; 7\dfrac{1}{4}; 7\dfrac{3}{4}; 5\dfrac{3}{8}; 5\dfrac{5}{8}$ d) $5\dfrac{7}{8}; 5\dfrac{1}{7}; 5\dfrac{2}{7}; 5\dfrac{3}{7}; 7\dfrac{2}{9}$

23 Simplificar as seguintes frações:

a) $\dfrac{4}{6} =$ $\qquad$ $\dfrac{9}{12} =$ $\qquad$ $\dfrac{15}{25} =$ $\qquad$ $\dfrac{6}{15} =$

b) $\dfrac{15}{27} =$ $\qquad$ $\dfrac{21}{49} =$ $\qquad$ $\dfrac{12}{15} =$ $\qquad$ $\dfrac{20}{45} =$

c) $\dfrac{18}{21} =$ $\qquad$ $\dfrac{16}{18} =$ $\qquad$ $\dfrac{35}{50} =$ $\qquad$ $\dfrac{77}{88} =$

d) $\dfrac{9}{42} =$ $\qquad$ $\dfrac{13}{65} =$ $\qquad$ $\dfrac{35}{75} =$ $\qquad$ $\dfrac{14}{63} =$

e) $\dfrac{35}{60} =$ $\qquad$ $\dfrac{15}{40} =$ $\qquad$ $\dfrac{65}{91} =$ $\qquad$ $\dfrac{30}{35} =$

f) $\dfrac{39}{52} =$ $\qquad$ $\dfrac{34}{85} =$ $\qquad$ $\dfrac{57}{95} =$ $\qquad$ $\dfrac{52}{91} =$

24 Simplificar as seguintes frações (determinar a fração irredutível):

a) $\dfrac{6}{10} =$ $\qquad$ $\dfrac{8}{12} =$ $\qquad$ $\dfrac{30}{42} =$ $\qquad$ $\dfrac{16}{40} =$

b) $\dfrac{36}{63} =$ $\qquad$ $\dfrac{35}{42} =$ $\qquad$ $\dfrac{28}{63} =$ $\qquad$ $\dfrac{42}{49} =$

c) $\dfrac{64}{72} =$ $\qquad$ $\dfrac{35}{40} =$ $\qquad$ $\dfrac{18}{48} =$ $\qquad$ $\dfrac{20}{48} =$

d) $\dfrac{35}{60} =$ $\qquad$ $\dfrac{27}{72} =$ $\qquad$ $\dfrac{32}{40} =$ $\qquad$ $\dfrac{35}{56} =$

e) $\dfrac{45}{81} =$ $\qquad$ $\dfrac{40}{56} =$ $\qquad$ $\dfrac{32}{72} =$ $\qquad$ $\dfrac{20}{35} =$

f) $\dfrac{18}{27} =$ $\qquad$ $\dfrac{56}{63} =$ $\qquad$ $\dfrac{27}{45} =$ $\qquad$ $\dfrac{45}{54} =$

25 Simplificar e em seguida transformar em número misto.

a) $\dfrac{40}{15} =$ $\qquad$ b) $\dfrac{49}{28} =$ $\qquad$ c) $\dfrac{54}{30} =$

d) $\dfrac{36}{15} =$ $\qquad$ e) $\dfrac{72}{32} =$ $\qquad$ f) $\dfrac{63}{18} =$

g) $\dfrac{45}{35} =$ $\qquad$ h) $\dfrac{60}{28} =$ $\qquad$ i) $\dfrac{77}{42} =$

j) $\dfrac{60}{24} =$ $\qquad$ k) $\dfrac{52}{12} =$ $\qquad$ l) $\dfrac{76}{32} =$

26 Determinar o valor de **x** que torna a sentença verdadeira, nos casos:

a) $\dfrac{4}{5} = \dfrac{24}{x} \Rightarrow x =$
b) $\dfrac{3}{5} = \dfrac{21}{x}$
c) $\dfrac{4}{9} = \dfrac{28}{x}$

d) $\dfrac{5}{6} = \dfrac{x}{48}$
e) $\dfrac{6}{7} = \dfrac{x}{56}$
f) $\dfrac{7}{8} = \dfrac{x}{72}$

g) $\dfrac{4}{9} = \dfrac{28}{x}$
h) $\dfrac{5}{8} = \dfrac{x}{40}$
i) $\dfrac{7}{9} = \dfrac{35}{x}$

j) $\dfrac{5}{12} = \dfrac{x}{60}$
k) $\dfrac{7}{12} = \dfrac{42}{x}$
l) $\dfrac{3}{4} = \dfrac{51}{x}$

27 Determinar o valor de **n**, nos casos:

a) $3\dfrac{1}{2} = \dfrac{28}{n}$
b) $2\dfrac{2}{3} = \dfrac{56}{n}$
c) $2\dfrac{2}{5} = \dfrac{60}{n}$

d) $3\dfrac{3}{4} = \dfrac{n}{20}$
e) $4\dfrac{2}{3} = \dfrac{n}{15}$
f) $2\dfrac{5}{7} = \dfrac{n}{35}$

g) $2 + \dfrac{2}{3} = \dfrac{n}{15}$
h) $\dfrac{60}{n} = 3 + \dfrac{3}{4}$
i) $\dfrac{n}{28} = 2 + \dfrac{2}{7}$

j) $3 + \dfrac{2}{5} = \dfrac{51}{n}$
k) $\dfrac{65}{n} = 3 + \dfrac{1}{4}$
l) $\dfrac{115}{n} = \dfrac{2}{7} + 3$

m) $\dfrac{n}{20} = 3 + \dfrac{2}{5}$
n) $2\dfrac{3}{7} = \dfrac{n}{21}$
o) $2 + \dfrac{4}{5} = \dfrac{84}{n}$

p) $3\dfrac{4}{5} = \dfrac{n}{10}$
q) $\dfrac{57}{n} = 5\dfrac{4}{3}$
r) $4\dfrac{4}{5} = \dfrac{96}{n}$

Resp: **14** a) $\dfrac{15}{5}$ b) $\dfrac{10}{7}$ c) $\dfrac{39}{7}$ d) $\dfrac{63}{10}$ e) $\dfrac{77}{9}$ f) $\dfrac{71}{3}$ **15** a) $\dfrac{37}{7}; \dfrac{7}{4}; \dfrac{13}{5}; \dfrac{15}{8}$

b) $\dfrac{26}{9}; \dfrac{17}{5}; \dfrac{37}{8}; \dfrac{51}{8}$ c) $\dfrac{19}{2}; \dfrac{26}{3}; \dfrac{37}{5}; \dfrac{37}{7}$ d) $\dfrac{50}{7}; \dfrac{27}{5}; \dfrac{41}{6}; \dfrac{19}{4}$ **16** a) $\dfrac{17}{5}; \dfrac{17}{7}; \dfrac{10}{7}; \dfrac{19}{8}$

b) $\dfrac{29}{7}; \dfrac{41}{8}; \dfrac{10}{9}; \dfrac{25}{13}$ c) $\dfrac{35}{11}; \dfrac{43}{10}; \dfrac{25}{3}; \dfrac{41}{5}$ **17** a) 5; 7; 7; 9; 7; 9   b) 7; 8; 14; 13; 17; 36

18 a) 2; 3; 4; 5   b) 2; 3; 4; 8   c) 4; 8; 6 ; 7   **19** a) 2; 5; 8; 9   b) 6; 7; 9; 2   c) 6; 20; 15; 12

20 a) $\dfrac{6}{10} = \dfrac{9}{15}$ b) $\dfrac{4}{14} = \dfrac{6}{21}$ c) $\dfrac{8}{10} = \dfrac{12}{15}$ d) $\dfrac{10}{12} = \dfrac{15}{18}$ e) $\dfrac{12}{14} = \dfrac{18}{21}$ f) $\dfrac{16}{18} = \dfrac{24}{27}$

g) $\dfrac{2}{30} = \dfrac{3}{45}$ h) $\dfrac{4}{30} = \dfrac{6}{45}$ i) $\dfrac{14}{18} = \dfrac{21}{27}$ j) $\dfrac{6}{16} = \dfrac{9}{24}$ k) $\dfrac{14}{32} = \dfrac{21}{48}$ l) $\dfrac{26}{28} = \dfrac{39}{42}$

21 a) 14   b) 24   c) 6   d) 15   e) 63   f) 45   g) 55   h) 42   i) 18   j) 9   k) 8   l) 4   m) 8   n) 4   o) 4   p) 7

22 a) 27   b) 45   c) 56   d) 49   e) 56   f) 65   g) 27   h) 32   i) 3   j) 15   k) 3   l) 9   m) 18   n) 3   o) 7   p) 7

28 Determinar o número natural x, nos casos:

a) $\dfrac{16}{24} = \dfrac{18}{x}$

b) $\dfrac{27}{45} = \dfrac{x}{60}$

c) $\dfrac{x}{56} = \dfrac{27}{72}$

d) $\dfrac{x}{42} = \dfrac{36}{63}$

e) $\dfrac{20}{x} = \dfrac{28}{63}$

f) $\dfrac{36}{45} = \dfrac{x}{60}$

29 Determinar o natural x, nos casos:

a) $\dfrac{12}{42} = \dfrac{x}{84}$

b) $\dfrac{21}{28} = \dfrac{39}{x}$

c) $\dfrac{24}{x} = \dfrac{28}{42}$

d) $\dfrac{56}{72} = \dfrac{x}{63}$

e) $\dfrac{32}{40} = \dfrac{60}{x}$

f) $\dfrac{51}{x} = \dfrac{34}{38}$

30 Escrever os numeradores que faltam, para que as frações obtidas tenham o denominador comum dado e sejam respectivamente equivalentes às frações dadas, nos casos:

a) $\dfrac{1}{2}, \dfrac{2}{3}, \dfrac{3}{4}$

$\dfrac{}{12}, \dfrac{}{12}, \dfrac{}{12}$

b) $\dfrac{1}{2}, \dfrac{2}{3}, \dfrac{3}{4}$

$\dfrac{}{24}, \dfrac{}{24}, \dfrac{}{24}$

c) $\dfrac{1}{2}, \dfrac{2}{3}, \dfrac{3}{4}$

$\dfrac{}{36}, \dfrac{}{36}, \dfrac{}{36}$

d) $\dfrac{4}{3}, \dfrac{7}{9}, \dfrac{5}{6}$

$\dfrac{}{18}, \dfrac{}{18}, \dfrac{}{18}$

e) $\dfrac{4}{3}, \dfrac{7}{9}, \dfrac{5}{6}$

$\dfrac{}{36}, \dfrac{}{36}, \dfrac{}{36}$

f) $\dfrac{3}{4}, \dfrac{3}{10}, \dfrac{3}{5}$

$\dfrac{}{20}, \dfrac{}{20}, \dfrac{}{20}$

g) $\dfrac{5}{6}, \dfrac{3}{4}, \dfrac{2}{1}$

$\dfrac{}{24}, \dfrac{}{24}, \dfrac{}{24}$

h) $\dfrac{5}{6}, \dfrac{3}{4}, \dfrac{2}{1}$

$\dfrac{}{12}, \dfrac{}{12}, \dfrac{}{12}$

i) $\dfrac{5}{6}, \dfrac{3}{8}, \dfrac{7}{12}$

$\dfrac{}{24}, \dfrac{}{24}, \dfrac{}{24}$

j) $\dfrac{3}{10}, \dfrac{4}{5}, \dfrac{2}{15}$

$\dfrac{}{30}, \dfrac{}{30}, \dfrac{}{30}$

k) $\dfrac{9}{16}, \dfrac{17}{24}, \dfrac{5}{12}$

$\dfrac{}{48}, \dfrac{}{48}, \dfrac{}{48}$

l) $\dfrac{5}{12}, \dfrac{9}{20}, \dfrac{8}{15}$

$\dfrac{}{60}, \dfrac{}{60}, \dfrac{}{60}$

31 Escrever os denominadores que faltam, de modo que as frações obtidas tenham o numerador comum dado e sejam respectivamente equivalentes as frações dadas:

a) $\frac{4}{5}, \frac{6}{7}, \frac{3}{4}$

$\frac{12}{}, \frac{12}{}, \frac{12}{}$

b) $\frac{4}{9}, \frac{6}{13}, \frac{3}{8}$

$\frac{24}{}, \frac{24}{}, \frac{24}{}$

c) $\frac{6}{7}, \frac{8}{9}, \frac{12}{13}$

$\frac{24}{}, \frac{24}{}, \frac{24}{}$

d) $\frac{4}{7}, \frac{5}{6}, \frac{10}{9}$

$\frac{20}{}, \frac{20}{}, \frac{20}{}$

e) $\frac{10}{13}, \frac{15}{16}, \frac{6}{17}$

$\frac{30}{}, \frac{30}{}, \frac{30}{}$

f) $\frac{18}{19}, \frac{27}{37}, \frac{6}{13}$

$\frac{54}{}, \frac{54}{}, \frac{54}{}$

32 Determinar o mínimo múltiplo comum (mmc) dos números dados, nos casos

a) 6, 8, 12, 16

b) 12, 18, 24, 36

c) 10, 15, 20, 25

33 Determinar mentalmente o mmc dos números dados, nos casos.

Sugestão: Pensar nos múltiplos do maior deles e tomar o menor deles, que seja também múltiplos dos outros. Quando falarmos em mmc devemos excluir o zero.

a) 2, 4, 3 e 6
mmc =

b) 2, 3, 4, 6, 8 e 12
mmc =

c) 2, 4, 6, 9, 12 e 18
mmc =

d) 2, 3 e 6
mmc =

e) 3, 5 e 10
mmc =

f) 10, 25 e 75
mmc =

34 Determinar mentalmente o mmc dos denominadores das seguintes frações:

a) $\frac{1}{3}, \frac{3}{4}, \frac{5}{6}$
mmc =

b) $\frac{1}{4}, \frac{3}{8}, \frac{7}{16}$
mmc =

c) $\frac{3}{4}, \frac{7}{6}, \frac{3}{8}$
mmc =

d) $\frac{1}{3}, \frac{1}{2}, \frac{5}{6}, \frac{8}{9}$
mmc =

e) $\frac{4}{5}, \frac{9}{10}, \frac{13}{20}, \frac{5}{12}$
mmc =

f) $\frac{1}{4}, \frac{5}{6}, \frac{5}{8}, \frac{7}{10}$
mmc =

Resp: **23** a) $\frac{2}{3}; \frac{3}{4}; \frac{3}{5}; \frac{2}{5}$ b) $\frac{5}{9}; \frac{3}{7}; \frac{4}{5}; \frac{4}{9}$ c) $\frac{6}{7}; \frac{8}{9}; \frac{7}{10}; \frac{7}{8}$ d) $\frac{3}{14}; \frac{1}{5}; \frac{7}{15}; \frac{2}{9}$ e) $\frac{7}{12}; \frac{3}{8}; \frac{5}{7}; \frac{6}{7}$

f) $\frac{3}{4}; \frac{2}{5}; \frac{3}{5}; \frac{4}{7}$ **24** a) $\frac{3}{5}; \frac{2}{3}; \frac{5}{7}; \frac{2}{5}$ b) $\frac{4}{7}; \frac{5}{6}; \frac{4}{9}; \frac{6}{7}$ c) $\frac{8}{9}; \frac{7}{8}; \frac{3}{8}; \frac{5}{12}$ d) $\frac{7}{12}; \frac{3}{8}; \frac{4}{5}; \frac{5}{8}$

e) $\frac{5}{9}; \frac{5}{7}; \frac{4}{9}; \frac{4}{7}$ f) $\frac{2}{3}; \frac{8}{9}; \frac{3}{5}; \frac{5}{6}$ **25** a) $2\frac{2}{3}$ b) $1\frac{3}{4}$ c) $1\frac{4}{5}$ d) $2\frac{2}{5}$ e) $2\frac{1}{4}$

f) $3\frac{1}{2}$ g) $1\frac{2}{7}$ h) $2\frac{1}{7}$ i) $1\frac{5}{6}$ j) $2\frac{1}{2}$ k) $4\frac{1}{3}$ l) $2\frac{3}{8}$ **26** a) 30 b) 35 c) 63 d) 40 e) 48 f) 63

g) 63 h) 25 i) 45 j) 25 k) 72 l) 68 **27** a) 8 b) 21 c) 25 d) 75 e) 70 f) 95

g) 40 h) 16 i) 64 j) 15 k) 20 l) 35 m) 68 n) 51 o) 30 p) 39 q) 9 r) 20

13

35 Determinar mentalmente o mmc dos numeradores das seguintes frações

a) $\dfrac{6}{7}, \dfrac{9}{13}, \dfrac{12}{23}$

mmc =

b) $\dfrac{5}{8}, \dfrac{6}{7}, \dfrac{10}{9}, \dfrac{20}{19}$

mmc =

c) $\dfrac{2}{13}, \dfrac{3}{23}, \dfrac{5}{29}$

mmc =

12) Redução ao menor denominador comum

O menor denominador comum é o mmc dos denominadores.

Para reduzir frações ao menor denominador comum, determinamos o mmc dos denominadores das frações dadas, e determinamos as frações equivalentes às dadas, cujos denominadores sejam iguais ao mmc determinado.

Na prática, dividimos o mmc pelos denominadores das frações dadas e multiplicamos o resultado pelo numerador correspondente, para obter os novos numeradores.

Significa: "Dividir pelo de baixo e multiplicar pelo de cima"

Sempre que possível, o mmc deve ser determinado mentalmente.

Exemplo: $\dfrac{2}{3}, \dfrac{3}{4}, \dfrac{5}{6}$ (mmc = 12) $\Rightarrow \dfrac{}{12}, \dfrac{}{12}, \dfrac{}{12} \Rightarrow$

$$\dfrac{(12:3) \cdot 2}{12}, \dfrac{(12:4) \cdot 3}{12}, \dfrac{(12:6) \cdot 5}{12} \Rightarrow \dfrac{8}{12}, \dfrac{9}{12}, \dfrac{10}{12}$$

Esta passagem pode ser feita mentalmente.

36 Reduzir ao menor denominador comum as seguintes frações:

a) $\dfrac{1}{2}, \dfrac{2}{3}, \dfrac{5}{6}$

b) $\dfrac{5}{6}, \dfrac{4}{9}, \dfrac{2}{3}$

37 Reduzir ao menor denominador comum (fazer mentalmente a 1ª passagem).

a) $\dfrac{5}{6}, \dfrac{3}{4}, \dfrac{1}{3}$

b) $\dfrac{2}{3}, \dfrac{5}{6}, \dfrac{7}{8}$

c) $\dfrac{7}{10}, \dfrac{8}{15}, \dfrac{1}{6}$

d) $\dfrac{3}{2}, \dfrac{5}{3}, \dfrac{7}{5}$

e) $\dfrac{3}{8}, \dfrac{7}{6}, \dfrac{5}{12}$

f) $\dfrac{3}{4}, \dfrac{4}{5}, \dfrac{9}{10}$

g) $\dfrac{11}{12}, \dfrac{13}{15}, \dfrac{17}{20}$

h) $\dfrac{3}{5}, \dfrac{8}{9}, \dfrac{13}{15}$

i) $\dfrac{7}{12}, \dfrac{9}{16}, \dfrac{5}{24}$

38 Reduzir ao menor numerador comum as seguintes frações:

a) $\dfrac{4}{5}, \dfrac{3}{7}, \dfrac{6}{11}$

b) $\dfrac{3}{4}, \dfrac{6}{5}, \dfrac{9}{8}$

c) $\dfrac{6}{7}, \dfrac{8}{9}, \dfrac{12}{17}$

d) $\dfrac{20}{27}, \dfrac{8}{9}, \dfrac{10}{12}$

e) $\dfrac{4}{3}, \dfrac{7}{5}, \dfrac{14}{9}$

f) $\dfrac{10}{13}, \dfrac{12}{17}, \dfrac{15}{19}$

13) Comparação de duas frações

Para determinarmos entre duas frações, qual é o maior desses números racionais, podemos considerar, principalmente, dois casos:

1º Caso: Elas têm o **mesmo denominador**. A **maior** é a que tem o **maior** numerador. Observar:

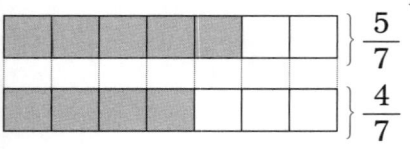

Note que $\dfrac{5}{7}$ é maior que $\dfrac{4}{7}$

Escrevemos: $\dfrac{5}{7} > \dfrac{4}{7}$ ou $\dfrac{4}{7} < \dfrac{5}{7}$

2º Caso: Elas têm o **mesmo numerador**. A **maior** é a que tem o **menor** denominador. Observar:

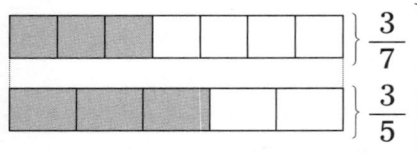

Note que $\dfrac{3}{5}$ é maior que $\dfrac{3}{7}$

Escrevemos: $\dfrac{3}{5} > \dfrac{3}{7}$ ou $\dfrac{3}{7} < \dfrac{3}{5}$

Quando os números não tiverem mesmos denominadores nem mesmos numeradores, reduzimos, convenientemente a um dos casos e obtemos um desses casos.

Exemplo: Escrever uma relação entre os números dados:

1) $\dfrac{15}{6}$ e $\dfrac{19}{8}$. Neste caso é conviente reduzir ao mesmo denominador

$\dfrac{60}{24}$ e $\dfrac{57}{24}$ $\Rightarrow$ $\dfrac{60}{24} > \dfrac{57}{24}$ $\Rightarrow$ $\dfrac{15}{6} > \dfrac{19}{8}$ $\left(\text{ou } \dfrac{19}{8} < \dfrac{15}{6}\right)$

2) $\dfrac{4}{15}$ e $\dfrac{6}{23}$. Neste caso é conviente reduzir ao mesmo numerador

$\dfrac{12}{45}$ e $\dfrac{12}{46}$ $\Rightarrow$ $\dfrac{12}{45} > \dfrac{12}{46}$ $\Rightarrow$ $\dfrac{4}{15} > \dfrac{6}{23}$ $\left(\text{ou } \dfrac{6}{23} < \dfrac{4}{15}\right)$

---

resp: **28** a) 27 b) 36 c) 21 d) 24 e) 45 f) 48   **29** a) 24 b) 52 c) 36 d) 49 e) 75 f) 57   **30** a) $\dfrac{6}{12}, \dfrac{8}{12}, \dfrac{9}{12}$ b) $\dfrac{12}{24}, \dfrac{16}{24}, \dfrac{18}{24}$ c) $\dfrac{18}{36}, \dfrac{24}{36}, \dfrac{27}{36}$ d) $\dfrac{24}{18}, \dfrac{14}{18}, \dfrac{15}{18}$ e) $\dfrac{48}{36}, \dfrac{28}{36}, \dfrac{30}{36}$ f) $\dfrac{15}{20}, \dfrac{6}{20}, \dfrac{12}{20}$ g) $\dfrac{20}{24}, \dfrac{18}{24}, \dfrac{48}{24}$ h) $\dfrac{10}{12}, \dfrac{9}{12}, \dfrac{24}{12}$ i) $\dfrac{20}{24}, \dfrac{9}{24}, \dfrac{14}{24}$ j) $\dfrac{9}{30}, \dfrac{24}{30}, \dfrac{4}{30}$ k) $\dfrac{27}{48}, \dfrac{34}{48}, \dfrac{20}{48}$ l) $\dfrac{25}{60}, \dfrac{27}{60}, \dfrac{32}{60}$ **31** a) $\dfrac{12}{15} = \dfrac{12}{14} = \dfrac{12}{16}$ b) $\dfrac{24}{54} = \dfrac{24}{52} = \dfrac{24}{64}$ c) $\dfrac{24}{28} = \dfrac{24}{27} = \dfrac{24}{26}$ d) $\dfrac{20}{35} = \dfrac{20}{24} = \dfrac{20}{18}$ e) $\dfrac{30}{39} = \dfrac{30}{32} = \dfrac{30}{85}$ f) $\dfrac{54}{57} = \dfrac{54}{74} = \dfrac{54}{117}$ **32** a) 48 b) 72 c) 300   **33** a) 12 b) 24 c) 36 c) 6 d) 30 e) 150   **34** a) 12 b) 16 c) 24 d) 18 e) 60 f) 120

39 Completar com < (menor) ou > (maior), de modo que a sentença obtida seja verdadeira nos casos:

a) $\dfrac{5}{6}$ $\dfrac{9}{8}$ b) $\dfrac{8}{13}$ $\dfrac{6}{13}$ c) $\dfrac{15}{23}$ $\dfrac{15}{22}$ d) $\dfrac{17}{31}$ $\dfrac{17}{34}$

e) $\dfrac{20}{21}$ $\dfrac{19}{21}$ f) $\dfrac{25}{27}$ $\dfrac{25}{29}$ g) $\dfrac{13}{17}$ $\dfrac{14}{17}$ h) $\dfrac{37}{16}$ $\dfrac{37}{14}$

i) $\dfrac{41}{50}$ $\dfrac{41}{51}$ j) $\dfrac{13}{18}$ $\dfrac{11}{18}$ k) $\dfrac{61}{24}$ $\dfrac{65}{24}$ l) $\dfrac{36}{43}$ $\dfrac{36}{41}$

40 Escrever em ordem crescente os seguintes número: (utilizar <).

a) $\dfrac{17}{23}$, $\dfrac{13}{23}$, $\dfrac{19}{23}$, $\dfrac{7}{23}$ b) $\dfrac{37}{43}$, $\dfrac{37}{53}$, $\dfrac{37}{47}$, $\dfrac{37}{57}$

41 Escrever em ordem decrescente os seguintes números:

a) $\dfrac{13}{29}$, $\dfrac{23}{29}$, $\dfrac{19}{29}$, $\dfrac{17}{29}$ b) $\dfrac{31}{63}$, $\dfrac{31}{57}$, $\dfrac{31}{61}$, $\dfrac{31}{49}$

42 Dizer se o primeiro número é menor ou maior que o segundo, nos casos:

a) $\dfrac{9}{8}$, $\dfrac{13}{12}$ b) $\dfrac{5}{6}$, $\dfrac{8}{9}$ c) $\dfrac{15}{17}$, $\dfrac{10}{11}$ d) $\dfrac{12}{17}$, $\dfrac{9}{13}$

e) $\dfrac{29}{14}$, $\dfrac{9}{4}$ f) $\dfrac{18}{19}$, $\dfrac{27}{31}$ g) $\dfrac{11}{12}$, $\dfrac{13}{15}$ h) $\dfrac{12}{17}$, $\dfrac{28}{37}$

43 Escrever em ordem crescente os seguintes números:

a) $\dfrac{19}{8}$, $\dfrac{13}{6}$, $\dfrac{25}{12}$, $\dfrac{9}{4}$ b) $\dfrac{12}{23}$, $\dfrac{18}{35}$, $\dfrac{6}{11}$, $\dfrac{9}{17}$

44 Escrever em ordem decrescente os seguintes números:

a) $\dfrac{17}{18}$, $\dfrac{7}{9}$, $\dfrac{19}{24}$, $\dfrac{11}{12}$, $\dfrac{35}{36}$

b) $\dfrac{12}{25}$, $\dfrac{15}{32}$, $\dfrac{10}{21}$, $\dfrac{30}{67}$, $\dfrac{20}{41}$

---

14) Fração de um número

Vamos considerar dois casos.

1º caso: Dado um número, vamos determinar uma fração dele.

Para determinar uma fração de um número, o denominador indica em quantas partes vamos dividir o número e o numerador indica quantas destas partes vamos tomar.

Exemplos:

1) $\dfrac{3}{7}$ de 14. Dividimos o 14 por 7 (determinamos $\dfrac{1}{7}$ de 14) e depois multiplicamos o resultado por 3.

$$\dfrac{3}{7} \text{ de } 14 = \dfrac{3}{7}(14) = 3 \cdot \left(\dfrac{14}{7}\right) = 3 \cdot 2 = 6$$

2) $\dfrac{5}{8}$ de $32 = \dfrac{5}{8}(32) = 5 \cdot \left(\dfrac{32}{8}\right) = 5 \cdot 4 = 20$

Obs.: Depois que estudarmos a multiplicação, veremos que determinar uma fração de um número, significa multiplicar esta fração por este número.

2º caso: Dada uma fração de um número, vamos determinar o número.

Dada uma fração de um número, para determinarmos o número, fazemos o caminho inverso do caso anterior: dividimos a parte dada pelo numerador e multiplicamos o resultado obtido pelo denominador.

Exemplos:

1) $\dfrac{3}{7}$ de n é 6. Para determinarmos n, dividimos 6 por 3 (determinamos $\dfrac{1}{7}$ de n) e depois multiplicamos o resultado por 7, para determinarmos os $\dfrac{7}{7}$ de n, que é o n inteiro.

$\dfrac{3}{7}(n) = 6 \Rightarrow n = \left(\dfrac{6}{3}\right) \cdot 7 \Rightarrow n = 2 \cdot 7 \Rightarrow \boxed{n = 14}$

2) $\dfrac{5}{8}$ de n é $20 \Rightarrow \dfrac{5}{8}(n) = 20 \Rightarrow n = \left(\dfrac{20}{5}\right) \cdot 8 \Rightarrow n = 4 \cdot 8 \Rightarrow \boxed{n = 32}$

3) $\dfrac{4}{9}$ de n é $28 \Rightarrow \dfrac{4}{9}(n) = 28 \Rightarrow n = \left(\dfrac{28}{4}\right) \cdot 9 \Rightarrow n = 7 \cdot 9 \Rightarrow \boxed{n = 63}$

Obs.: Depois que estudarmos divisão, veremos que dada uma parte (uma fração) de um número, determinar o número significa dividir a parte dada pela fração que ela representa do todo.

Resp: **35** a) 36 b) 60 c) 30 **36** a) $\dfrac{3}{6}, \dfrac{4}{6}, \dfrac{5}{6}$ b) $\dfrac{15}{18}, \dfrac{8}{18}, \dfrac{12}{18}$ **37** a) $\dfrac{10}{12}, \dfrac{9}{12}, \dfrac{4}{12}$ b) $\dfrac{16}{24}, \dfrac{20}{24}, \dfrac{21}{24}$ c) $\dfrac{21}{30}, \dfrac{16}{30}, \dfrac{5}{30}$

d) $\dfrac{45}{30}, \dfrac{50}{30}, \dfrac{42}{30}$ e) $\dfrac{9}{24}, \dfrac{28}{24}, \dfrac{10}{24}$ f) $\dfrac{15}{20}, \dfrac{16}{20}, \dfrac{18}{20}$ g) $\dfrac{55}{60}, \dfrac{52}{60}, \dfrac{51}{60}$ h) $\dfrac{27}{45}, \dfrac{40}{45}, \dfrac{39}{45}$ i) $\dfrac{28}{48}, \dfrac{27}{48}, \dfrac{10}{48}$

38 a) $\dfrac{12}{15}, \dfrac{12}{28}, \dfrac{12}{22}$ b) $\dfrac{18}{24}, \dfrac{18}{15}, \dfrac{18}{16}$ c) $\dfrac{24}{28}, \dfrac{24}{27}, \dfrac{24}{34}$ d) $\dfrac{40}{54}, \dfrac{40}{45}, \dfrac{40}{48}$ e) $\dfrac{28}{21}, \dfrac{28}{20}, \dfrac{28}{18}$ e) $\dfrac{60}{78}, \dfrac{60}{85}, \dfrac{60}{76}$

45 Determinar o que se pede:

a) $\dfrac{1}{5}$ de $15 = \dfrac{1}{5}(15) = \dfrac{15}{5} = 3$

b) $\dfrac{1}{3}$ de $18 =$

c) $\dfrac{1}{8}$ de 32

d) $\dfrac{1}{9}$ de $45 =$

e) $\dfrac{1}{10}$ de 70

f) $\dfrac{1}{12}$ de 60

g) $\dfrac{2}{5}$ de $15 =$

h) $\dfrac{5}{8}$ de $48 =$

i) $\dfrac{2}{7}$ de $35 =$

j) $\dfrac{5}{9}$ de $54 =$

k) $\dfrac{5}{3}$ de $45 =$

l) $\dfrac{7}{5}$ de $45 =$

46 Completar de modo que a sentença obtida seja verdadeira, nos casos:

a) $\dfrac{(\quad)}{7} = 5$ | $\dfrac{1}{7}$ de $(\quad) = 5$ | $\dfrac{(\quad)}{8} = 4$ | $\dfrac{1}{8}$ de $(\quad) = 4$

b) $\dfrac{1}{9}$ de $(\quad) = 3$ | $\dfrac{1}{6}$ de $(\quad) = 7$ | $\dfrac{1}{7}$ de $(\quad) = 8$ | $\dfrac{1}{5}$ de $(\quad) = 7$

47 Dado um enésimo de um número **a** $\left(\dfrac{1}{n}\text{ de }a\right)$, determinar **a**, nos casos:

a) $\dfrac{1}{5}$ de $a = 3$ $\Rightarrow$ $\dfrac{1}{5}(a) = 3$ $\Rightarrow$ $a = 15$

b) $\dfrac{1}{7}$ de $a = 5$

c) $\dfrac{1}{8}$ de $a = 7$

d) $\dfrac{1}{9}$ de $a = 4$

48 Dados m-enésimos de **a** $\left(\dfrac{m}{n}\text{ de }a\right)$, determinar $\dfrac{1}{n}$ de **a** e em seguida **a**, nos casos:

a) $\dfrac{2}{7}$ de $a = 10$ $\Rightarrow$

$\dfrac{1}{7}(a) = 5$ $\Rightarrow$ $a = 35$

b) $\dfrac{3}{5}$ de $a = 18$

c) $\dfrac{5}{8}$ de $a = 20$

d) $\dfrac{7}{3}$ de $a = 35$

d) $\dfrac{5}{2}$ de $a = 40$

d) $\dfrac{4}{9}$ de $a = 48$

49 Determinar o número natural **a**, nos casos:

a) $a = \dfrac{1}{9}(36) \Rightarrow$	b) $a = \dfrac{2}{9}(36) \Rightarrow$
c) $a = \dfrac{5}{7}(49) \Rightarrow$	d) $a = \dfrac{7}{3}(18) \Rightarrow$
e) $\dfrac{1}{3}(a) = 5 \Rightarrow$	f) $\dfrac{2}{3}(a) = 12 \Rightarrow$
g) $\dfrac{5}{3}(a) = 25 \Rightarrow$	h) $\dfrac{7}{5}(a) = 63 \Rightarrow$
i) $a = \dfrac{5}{8}(64) \Rightarrow$	j) $\dfrac{9}{5}(a) = 90 \Rightarrow$
k) $\dfrac{5}{12}(a) = 15 \Rightarrow$	l) $a = \dfrac{6}{13}(52) \Rightarrow$

50 Fazer os cálculos mentalmente e escrever o valor de **a**, nos casos:

a) $a = \dfrac{2}{9}(18) \Rightarrow$	b) $a = \dfrac{5}{3}(24) \Rightarrow$	c) $\dfrac{5}{9}(a) = 20 \Rightarrow$
d) $\dfrac{6}{5}(a) = 48 \Rightarrow$	e) $a = \dfrac{3}{10}(70) \Rightarrow$	f) $\dfrac{7}{3}(a) = 14 \Rightarrow$
g) $a = \dfrac{13}{10}(100) \Rightarrow$	h) $\dfrac{12}{7}(a) = 36 \Rightarrow$	i) $\dfrac{13}{5}(a) = 39 \Rightarrow$
j) $a = \dfrac{17}{100}(1000) \Rightarrow$	k) $\dfrac{27}{100}(a) = 54 \Rightarrow$	l) $\dfrac{13}{100}(a) = 52 \Rightarrow$
m) $a = \dfrac{27}{100}(300) \Rightarrow$	n) $\dfrac{31}{100}(a) = 124 \Rightarrow$	o) $\dfrac{13}{100}(a) = 65 \Rightarrow$

15) Fração decimal e porcentagem

I) Toda fração $\dfrac{a}{b}$, com **a** natural não nulo e **b** uma potência de 10, isto é, b= 10, 100, 1000,... é chamada **fração decimal**.

É a fração $\dfrac{a}{10^n}$ com $\{a, n\} \subset \mathbb{N}^*$

Exemplos: $\dfrac{7}{10}, \dfrac{3}{100}, \dfrac{31}{1000}, \dfrac{19}{10}, \dfrac{91}{100}, \dfrac{101}{10000}$, etc

II) As frações com denominadores 100, são chamadas também frações centesimais e podem ser representadas de uma maneira que é chamada **taxa porcentual** ou **porcentagem**.

Exemplos:

treze centésimos = $\dfrac{13}{100}$ = 13% = treze por cento.

sete centésimos = $\dfrac{7}{100}$ = 7% = sete por cento.

Resp: **39** a) < b) > c) < d) > e) > f) > g) < h) < i) > j) > k) < l) < **40** a) $\dfrac{7}{23} < \dfrac{13}{23} < \dfrac{17}{23} < \dfrac{19}{23}$ b) $\dfrac{37}{57} < \dfrac{37}{53} < \dfrac{37}{47} < \dfrac{37}{43}$ **41** a) $\dfrac{23}{29} > \dfrac{19}{29} > \dfrac{17}{29} > \dfrac{13}{23}$ b) $\dfrac{31}{49} > \dfrac{31}{57} > \dfrac{31}{61} > \dfrac{31}{63}$ **42** a) $\dfrac{9}{8} > \dfrac{13}{12}$ b) $\dfrac{5}{6} < \dfrac{8}{9}$ c) $\dfrac{15}{17} < \dfrac{10}{11}$ d) $\dfrac{36}{51} > \dfrac{36}{52}$ e) $\dfrac{29}{14} < \dfrac{9}{4}$ f) $\dfrac{18}{19} > \dfrac{27}{31}$ g) $\dfrac{11}{12} > \dfrac{13}{15}$ h) $\dfrac{12}{17} < \dfrac{28}{37}$ **43** a) $\dfrac{25}{12} < \dfrac{13}{6} < \dfrac{9}{4} < \dfrac{19}{8}$ b) $\dfrac{18}{35} < \dfrac{12}{23} < \dfrac{9}{17} < \dfrac{6}{11}$ **44** a) $\dfrac{35}{36} > \dfrac{17}{18} > \dfrac{11}{12} > \dfrac{19}{24} > \dfrac{7}{9}$ b) $\dfrac{20}{41} > \dfrac{12}{25} > \dfrac{10}{21} > \dfrac{15}{32} > \dfrac{30}{67}$

51 Escrever as seguintes frações decimais:

a) sete décimos =

b) quatorze centésimos =

c) catorze milésimos =

d) dezessete décimos =

e) quarenta centésimos =

f) sessenta centésimos =

52 Escrever como se lê as seguintes frações decimais:

a) $\dfrac{11}{100} =$

b) $\dfrac{4}{10} =$

c) $\dfrac{12}{1000} =$

d) $\dfrac{40}{100} =$

e) $\dfrac{19}{10} =$

f) $\dfrac{70}{100} =$

53 Simplificar as seguintes frações decimais:

a) $\dfrac{6}{10} =$

b) $\dfrac{15}{100} =$

c) $\dfrac{25}{100} =$

d) $\dfrac{8}{100} =$

e) $\dfrac{125}{100} =$

f) $\dfrac{225}{1000} =$

g) $\dfrac{125}{1000} =$

h) $\dfrac{45}{100} =$

i) $\dfrac{52}{100} =$

54 Observar os seguintes produtos: $2 \cdot 5 = 10$, $50 \cdot 2 = 25 \cdot 4 = 20 \cdot 5 = 100$, $500 \cdot 2 = 1000$, $250 \cdot 4 = 125 \cdot 8 = 1000$, $200 \cdot 5 = 40 \cdot 25 = 1000$. Completar de modo que o produto obtido seja a menor potência de 10, não unitária, possível e escrever o valor da potência, nos casos:

a) $5 \cdot (\quad) =$

b) $4(\quad) =$

c) $20(\quad) =$

d) $25(\quad) =$

e) $500(\quad) =$

f) $250(\quad) =$

g) $50(\quad) =$

h) $125(\quad) =$

i) $2(\quad) =$

j) $8(\quad) =$

k) $200(\quad) =$

e) $40(\quad) =$

55 Transformar em frações decimais, as mais simples possíveis, as seguintes frações:

a) $\dfrac{2}{5} =$

b) $\dfrac{1}{2} =$

c) $\dfrac{7}{5} =$

d) $\dfrac{3}{4} =$

e) $\dfrac{7}{25} =$

f) $\dfrac{9}{4} =$

g) $\dfrac{9}{20} =$

h) $\dfrac{11}{25} =$

i) $\dfrac{2}{125} =$

j) $\dfrac{13}{200} =$

k) $\dfrac{7}{40} =$

l) $\dfrac{3}{8} =$

56 Transformar em frações decimais as seguintes frações:

a) $\dfrac{28}{35} =$

b) $\dfrac{9}{18} =$

c) $\dfrac{44}{55} =$

d) $\dfrac{39}{65} =$

e) $\dfrac{18}{150} =$

f) $\dfrac{51}{375} =$

g) $\dfrac{65}{104} =$

h) $\dfrac{57}{76} =$

57 Escrever na forma de taxa porcentual (ou porcentagem) as seguintes frações:

a) $\dfrac{17}{100} =$

b) $\dfrac{21}{100} =$

c) $\dfrac{3}{100} =$

d) $\dfrac{1}{100} =$

e) $\dfrac{15}{100} =$

f) $\dfrac{20}{100} =$

g) $\dfrac{80}{100} =$

h) $\dfrac{50}{100} =$

i) $\dfrac{5}{100} =$

j) $\dfrac{70}{100} =$

k) $\dfrac{700}{100} =$

l) $\dfrac{500}{100} =$

58 Sabendo que o número n% (forma porcentual) é igual ao número $\dfrac{n}{100}$ (fração centesimal), transformar em frações centesimais os seguintes números:

a) 7% =

b) 21% =

c) 25% =

d) 95% =

e) 1% =

f) 117% =

g) 150% =

h) 115% =

59 Transformar em fração centesimal e em seguida simplificar, as seguintes porcentagens:

a) 20% =

b) 5% =

c) 4% =

d) 50% =

e) 75% =

f) 85% =

60 Transformar em fração centesimal e em seguida em porcentagem, os seguintes números:

a) $\dfrac{3}{10} =$

b) $\dfrac{3}{5} =$

c) $\dfrac{17}{20} =$

d) $\dfrac{3}{4} =$

e) $\dfrac{13}{25} =$

f) $\dfrac{2}{5} =$

Resp: **45** a) 3 b) 6 c) 4 d) 5 e) 7 f) 5 g) 6 h) 30 i) 10 j) 30 k) 75 l) 63
46 a) 35; 35; 32; 32 b) 27; 42; 56; 35 **47** a) 15 b) 35 c) 56 d) 36 **48** a) 35 b) 30 c) 32
d) 15 e) 16 f) 108 **49** a) 4 b) 8 c) 35 d) 42 e) 15 f) 18 g) 15
h) 45 i) 40 j) 50 k) 36 l) 24 **50** a) 4 b) 40 c) 36 d) 40 e) 21
f) 6 g) 130 h) 21 i) 15 j) 170 k) 200 l) 400 m) 81 n) 400 o) 500

61 Determinar a fração do número, dados a fração e o número, nos casos:

Obs.: Simplificar primeiramente a fração.

a) $\dfrac{4}{10}$ de 25 =

b) $\dfrac{12}{28}$ de 35 =

c) $\dfrac{75}{100}$ de 52 =

d) $\dfrac{52}{169}$ de 65 =

62 Dada uma fração do número **a**, determinar o número **a**, nos casos:

a) $\dfrac{14}{21}$ de a = 10

b) $\dfrac{15}{35}$ de a = 18

c) $\dfrac{24}{54}$ de a = 28

d) $\dfrac{63}{49}$ de a = 72

63 Determinar o número **n**, nos casos:

a) n = $\dfrac{16}{20}(35)$

b) $\dfrac{72}{32}$ de n = 45

c) n = $\dfrac{56}{40}(45)$

d) $\dfrac{68}{51}$ de n = 64

64 Determinar a fração do número, dados a fração e o número, nos casos:

a) 35% de 80 =

b) 25% de 200 =

c) 80% de 355 =

d) 50% de 184 =

e) 75% de 56 =

f) 8% de 75 =

65 Dada uma fração do número n, determinar este número, nos casos:

a) 25% de n = 40 ⇒

b) 15% de n = 90 ⇒

c) 5% de n = 45 ⇒

d) 125% de n = 150 ⇒

66 Determinar o número n, nos casos:

a) n = 32% de 225 ⇒

b) 60% de n = 270 ⇒

c) n = 175% de 560 ⇒

d) 180% de n = 810 ⇒

67 Que fração

a) do mês de 30 dias representam 10 dias?

b) da semana representam 4 dias?

c) de uma dúzia de ovos representam 8 ovos?

d) de um arroba representam 9 kg?

e) do ano representam 9 meses?

f) de um tonelada representam 375 kg?

g) devemos somar a $\frac{4}{9}$ para obtemos um inteiro?

h) devemos subtrair de $\frac{7}{5}$ para obtemos um inteiro?

i) de denominador 7 representa uma unidade?

j) de numerador 9 representa uma unidade?

k) devemos somar a $\frac{5}{13}$ para obtemos $\frac{11}{13}$?

l) devemos subtrair de $\frac{7}{9}$ para obtemos $\frac{4}{9}$?

Resp: **51** a) $\frac{7}{10}$ b) $\frac{14}{100}$ c) $\frac{14}{1000}$ d) $\frac{17}{10}$ e) $\frac{40}{100}$ f) $\frac{60}{100}$ **52** a) onze centésimos b) quatro décimos c) doze milésimos d) quarenta centésimos e) dezenove décimos f) setenta centésimos

53 a) $\frac{3}{5}$ b) $\frac{3}{20}$ c) $\frac{1}{4}$ d) $\frac{2}{25}$ e) $\frac{5}{4}$ f) $\frac{9}{40}$ g) $\frac{1}{8}$ h) $\frac{9}{20}$ i) $\frac{13}{25}$

54 a) 2;10 b) 25;100 c) 5; 100 d) 4; 100 e) 2; 1000 f) 4; 1000 g) 2; 100 h) 8; 1000 i) 5; 10 j) 125; 1000 k) 5; 1000 e) 25; 1000 **55** a) $\frac{4}{10}$ b) $\frac{5}{10}$ c) $\frac{14}{10}$ d) $\frac{75}{100}$ e) $\frac{28}{100}$ f) $\frac{225}{100}$ g) $\frac{45}{100}$ h) $\frac{44}{100}$ i) $\frac{16}{1000}$ j) $\frac{65}{1000}$ k) $\frac{175}{1000}$ l) $\frac{375}{1000}$ **56** a) $\frac{8}{10}$ b) $\frac{5}{10}$ c) $\frac{8}{10}$ d) $\frac{6}{10}$ e) $\frac{12}{100}$ f) $\frac{136}{1000}$ g) $\frac{625}{1000}$ h) $\frac{75}{100}$ **57** a) 17% b) 21% c) 3% d) 1% e) 15% f) 20% g) 80% h) 50% i) 5% j) 70% k) 700% l) 500% **58** a) $\frac{7}{100}$ b) $\frac{21}{100}$ c) $\frac{25}{100}$ d) $\frac{95}{100}$ e) $\frac{1}{100}$ f) $\frac{117}{100}$ g) $\frac{150}{100}$ h) $\frac{115}{100}$ **59** a) $\frac{1}{5}$ b) $\frac{1}{20}$ c) $\frac{1}{25}$ d) $\frac{1}{2}$ e) $\frac{3}{4}$ f) $\frac{17}{20}$ **60** a) 30% b) 60% c) 85% d) 75% e) 52% f) 40%

68 Que fração:

a) de uma sala com 36 alunos, representam 32 alunos?

b) de uma firma com 80 funcionários, representam 16 deles?

c) de 90 testes de um exame representam 54 testes?

d) de um percurso de 472 km representam 295 km?

e) de um terreno de 225m² representam um jardim de 50 m²?

f) 1000 litros, representam 625 litros?

69 Se um pessoa

a) acerta $\frac{7}{10}$ das questões de uma prova, que fração do número de questões ela errou?

b) errou $\frac{2}{7}$ do número de testes de um concurso, que fração do número de testes ela acertou?

c) gastou $\frac{5}{9}$ do seu salário, que fração deste salário ainda lhe resta?

d) fez, de uma lição $\frac{2}{9}$ em um dia e $\frac{4}{9}$ em outro, que fração da lição ela já concluiu?

e) fez, de uma cerca, $\frac{8}{15}$ em dia e $\frac{4}{15}$ em outro, que fração da cerca falta ser feita, para terminá-la?

f) gastou, do que possuia, $\frac{7}{30}$ em uma loja e $\frac{17}{30}$ em outra que fração do que possuia lhe restou?

70 Resolver:

a) João fez, de uma lição, 30% em um dia, que porcentagem dela falta para terminá-la?

b) Uma família consumiu, de uma caixa d'água, 15% em uma semana e 55% na outra, que porcentagem, da caixa, resta?

c) Antônio gastou, do seu salário, 15% com aluguel e 30% com a escola do filho, qual a porcentagem deste que restou?

71 Em uma prova com 7 testes de química, 8 de física e 10 de matemática. Quando há, em porcentagem, de cada uma dessas disciplinas, na prova?

72 Resolver:

a) Se $\frac{2}{3}$ dos 39 alunos de uma sala são meninos Quantos são esses?

b) Se $\frac{3}{5}$ dos 75 funcionários de uma empresa são mulheres. Quantos são os homens?

c) Uma escola de 720 alunos, tem alunos do ensino básico e médio. Se $\frac{7}{9}$ deles são do básico. Quantos são os alunos do médio?

d) Dos 275 operários de uma fábrica, $\frac{3}{5}$ têm acima de 50 anos. Quantos operários têm 50 anos ou menos?

e) 18 alunos de uma sala, que são $\frac{2}{5}$ do total de alunos, são meninos. Quantos são os alunos desta sala?

f) Os 180 frangos de uma chácara são os $\frac{3}{7}$ do total de aves da chácara. Qual o total de aves da chácara?

g) Paulo gastou R$ 1050,00 do seu salário, que é $\frac{3}{10}$ deste. Quantos reais ainda restam do seu salário?

h) 32 carros estão em uma garagem e $\frac{5}{9}$ dos veículos desta não são carros. Quantos são os veículos desta garagem

i) Todos os 1540 alunos de uma escola devem ser vacinados. No primeiro dia $\frac{3}{5}$ deles foram vacinados e no segundo dia $\frac{2}{7}$ deles. Quantos alunos ainda precisam ser vacinados?

Resp: **61** a) 10 b) 15 c) 39 d) 20   **62** a) 15 b) 42 c) 63 d) 56   **63** a) 28 b) 20 c) 63 d) 48
64 a) 28 b) 50 c) 284 d) 92   e) 42 f) 6   **65** a) 160 b) 600 c) 900 d) 120
66 a) 72 b) 450 c) 980 d) 450   **67** a) $\frac{1}{3}$ b) $\frac{4}{7}$ c) $\frac{2}{3}$ d) $\frac{3}{5}$ e) $\frac{3}{4}$ f) $\frac{3}{8}$
g) $\frac{5}{9}$ h) $\frac{2}{5}$ i) $\frac{7}{7}$ j) $\frac{9}{9}$ k) $\frac{6}{13}$ l) $\frac{1}{3}$

73 Resolver:

a) Os 1125 funcionários de uma empresa devem preencher um formulário. No primeiro dia $\frac{2}{9}$ deles o fizeram, no segundo dia $\frac{5}{7}$ do resto. Quantos faltam preencher o formulário?

b) Cláudia gastou $\frac{2}{5}$ dos R$1560,00 que possuia no mercado e $\frac{5}{6}$ do resto para pagamentos de prestações. Com quantos reais ela ficou?

c) Dos R$ 6375,00 que recebeu, Pedro vai gastar $\frac{2}{15}$ para a prestação do carro e $\frac{7}{25}$ do resto com a prestação da casa. Quantos reais vão sobrar para outras despesas?

d) Uma plantação de milho de Francisco o ocupa um terreno de 2208m². No 1º dia ele adubou $\frac{5}{8}$ da plantação e no 2º dia $\frac{5}{12}$ do resto, quantos m² faltam para ser adubados?

74 Resolver:

a) Ao pagar uma conta de R$ 1550,00 com atraso, Marcos pagou 20% de multa. Qual foi o valor da multa?

b) 25% dos 520 alunos do 1º ano do ensino médio de uma escola ficaram com média abaixo de 5. Quantos são esses alunos?

c) 24% dos 250 funcionários de uma fábrica trabalham no período noturno. Quantos deles trabalham no período diurno?

75 | Resolver:

a) Ao pagar uma conta de R$ 280,00 fora do prazo, Carlos pagou uma multa de 15%. Quanto ele gastou para quitar esta conta?

b) Ao pagar uma prestação de R$ 175,00 com atraso Renata pagou uma multa de 24%. Quanto ela acabou gastando?

c) R$ 63,00 foi o que Joana pagou de multa ao pagar uma prestação com atraso. Se a multa foi de 15%, qual era o valor da prestação?

d) Nestor pagou, depois de um ano, R$ 1728,00 de juros por um empréstimo que fez em um banco que cobrou 48% de juros, neste período. Que valor Nestor pediu ao banco?

e) Renato pediu uma importância emprestada, para pagar depois de 1 ano. O amigo cobrou 8% de juros por este emprestimo. Se Renato, depois de um ano, quitou a dívida com R$ 2700,00 qual a importância pedida por Renato?

f) Ao pagar uma prestação com atraso, Anita pagou, pelo valor original mais a multa de 12%, R$ 476,00. Qual era o valor original da prestação?

g) Maurício obteve, sobre uma dívida, um desconto de 10% e, sobre o restante, um outro desconto de 8%, que foi de R$ 360,00. Qual o valor inicial da dívida?

Resp: **68** a) $\frac{8}{9}$ b) $\frac{1}{5}$ c) $\frac{3}{5}$ d) $\frac{5}{8}$ e) $\frac{2}{9}$ f) $\frac{5}{8}$ **69** a) $\frac{3}{10}$ b) $\frac{5}{7}$ c) $\frac{4}{9}$ d) $\frac{2}{3}$ e) $\frac{1}{5}$ f) $\frac{1}{5}$ **70** a) 70% de química, 32% são de física e 40% são de matemática b) 30% c) 55% **71** a) 28% são testes **72** a) 26 meninos b) 30 homens c) 160 alunos d) 110 operários e) 45 alunos f) 420 aves g) R$ 2450,00 h) 72 veículos i) 176 alunos

76 Resolver:

a) Se João fez $\frac{5}{7}$ de uma lição e Dirceu fez $\frac{4}{7}$ da mesma lição, qual deles fez uma parte maior da lição?

b) Se o time A fez $\frac{7}{10}$ dos pontos possíveis de um campeonato e o time B fez $\frac{7}{15}$ dos mesmos, qual fez mais pontos?

c) De uma sala de aula $\frac{7}{12}$ dos alunos tiraram acima de 8 em matemática e $\frac{11}{18}$ tiraram acima de 8 em física. Qual dos disciplinas teve mais notas acima de 8?

d) Maria e Mônica que recebem igualmente, gastaram, respectivamente, $\frac{8}{25}$ e $\frac{12}{37}$ dos seus salários. Qual delas foi mais econômica?

77 Resolver:

a) Um comerciante compra uma mercadoria por R$ 60,00 e vende por R$ 75,00. Qual foi o lucro, em porcentagem?

b) Em 1978 o kg de feijão custava R$ 8,00 e em 1980 custava R$ 80,00. Qual foi o percentual de aumento neste período?

78 (MACK – 80) Sobre uma dívida de R$ 60000,00, obteve-se um desconto de 10% e, sobre o restante, um outro desconto que a reduziu a R$ 43200,00. O segundo desconto foi de:

a) 80%   b) 28%   c) 25%   d) 20%   e) 18%

2 – Operações

1) Adição e subtração de frações

I) As frações têm o mesmo denominador

Neste caso conservamos o denominador e somamos ou subtraímos os numeradores, conforme for o caso:

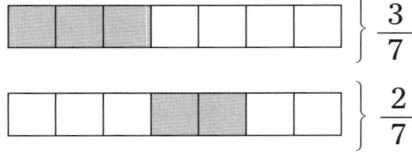

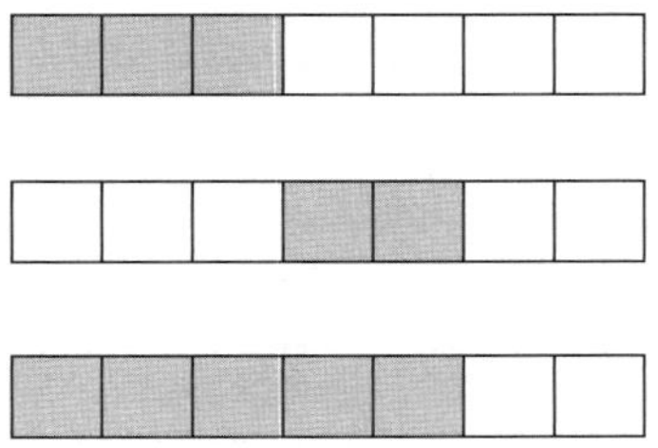

$\dfrac{3}{7}$ 	Note que tomando $\dfrac{3}{7}$ da unidade e mais $\dfrac{2}{7}$ da mesma, obtemos $\dfrac{5}{7}$ da mesma unidade.

$\dfrac{2}{7}$

$\dfrac{5}{7}$ 	Então: $\dfrac{3}{7} + \dfrac{2}{7} = \dfrac{3+2}{7} = \dfrac{5}{7}$

Da mesma forma, se tomarmos $\dfrac{5}{7}$ da unidade e tirarmos $\dfrac{2}{7}$ da mesma, obtemos $\dfrac{3}{7}$. Note que:

$\dfrac{5}{7} - \dfrac{2}{7} = \dfrac{5-2}{7} = \dfrac{3}{7}$ e $\dfrac{5}{7} - \dfrac{3}{7} = \dfrac{5-3}{7} = \dfrac{2}{7}$

Exemplos:

1) $\dfrac{5}{8} + \dfrac{2}{8} = \dfrac{5+2}{8} = \dfrac{7}{8}$, $\dfrac{5}{8} - \dfrac{2}{8} = \dfrac{5-2}{8} = \dfrac{3}{8}$

2) $\dfrac{5}{8} + \dfrac{1}{8} = \dfrac{5+1}{8} = \dfrac{6}{8} = \dfrac{3}{4}$, $\dfrac{5}{8} - \dfrac{1}{8} = \dfrac{5-1}{8} = \dfrac{4}{8} = \dfrac{1}{2}$

Devemos sempre simplificar o resultado, quando possível.

3) $\dfrac{4}{9} + \dfrac{2}{9} = \dfrac{6}{9} = \dfrac{2}{3}$, $\dfrac{3}{15} + \dfrac{7}{15} + \dfrac{2}{15} = \dfrac{12}{15} = \dfrac{4}{5}$, $\dfrac{22}{27} - \dfrac{4}{27} = \dfrac{18}{27} = \dfrac{2}{3}$

4) $\dfrac{2}{9} + \dfrac{7}{9} = \dfrac{9}{9} = 1$, $\dfrac{12}{5} - \dfrac{2}{5} = \dfrac{10}{5} = 2$, $\dfrac{13}{20} - \dfrac{3}{20} = \dfrac{10}{20} = \dfrac{1}{2}$

II) As frações não têm o mesmo denominador

Neste caso, reduzimos as frações ao mesmo denominador, que, convenientemente, deve ser o mínimo múltiplo comum(mmc) dos denominadores das frações em questão, e caímos no caso anterior.

Obs.: Como a soma ou a diferença é uma fração apenas, vamos na resolução colocar um traço de fração apenas, cujo denominador é o mmc dos denominadores dados e simplificar a expressão obtida no numerador, para obter o resultado.

Exemplos:

1) $\dfrac{1}{6} + \dfrac{3}{4} + \dfrac{5}{8} =$

mmc = 24

$= \dfrac{4 \cdot 1 + 6 \cdot 3 + 3 \cdot 5}{24} =$

$= \dfrac{4 + 18 + 15}{24} = \dfrac{37}{24}$

2) $\dfrac{13}{18} - \dfrac{7}{12} =$

mmc = 36

$= \dfrac{2 \cdot 13 - 3 \cdot 7}{36} =$

$= \dfrac{26 - 21}{36} = \dfrac{5}{36}$

3) $\dfrac{1}{2} + \dfrac{2}{3} + \dfrac{3}{4} - \dfrac{1}{6} =$

mmc = 12

$= \dfrac{6 + 8 + 9 - 2}{12} =$

$= \dfrac{23 - 2}{12} = \dfrac{21}{12} = \dfrac{7}{4}$

Obs.: Podemos fazer como no 3º exemplo, pulando a 1ª passagem dos exemplos 1 e 2.

Resp: **73** a) 250 funcionários b) R$ 156,00 c) R$ 3978,00 d) 483 m² **74** a) R$ 310,00 b) 130 alunos
c) 190 funcionários **75** a) R$ 322,00 b) R$ 217,00 c) R$ 420,00 d) R$ 3600,00 e) R$ 2500,00
f) R$ 425,00 g) R$ 5000,00

79 Efetuar:

a) $\dfrac{3}{11} + \dfrac{4}{11} =$

b) $\dfrac{8}{11} - \dfrac{2}{11} =$

c) $\dfrac{4}{15} + \dfrac{8}{15} =$

d) $\dfrac{7}{12} - \dfrac{5}{12} =$

e) $\dfrac{1}{10} + \dfrac{3}{10} + \dfrac{7}{10} =$

f) $\dfrac{17}{15} - \dfrac{8}{15} =$

g) $\dfrac{5}{9} + \dfrac{2}{9} - \dfrac{1}{9} =$

h) $\dfrac{9}{40} + \dfrac{3}{40} =$

i) $\dfrac{23}{45} - \dfrac{8}{45} =$

j) $\dfrac{7}{30} + \dfrac{13}{30} + \dfrac{7}{30} =$

k) $\dfrac{7}{20} + \dfrac{8}{20} - \dfrac{5}{20} =$

l) $\dfrac{23}{22} - \dfrac{17}{22} + \dfrac{5}{22} =$

80 Determinar mentalmente, e escrever o resultado, o mmc dos seguintes números:

a) 1, 2, 4, 3 e 6
   mmc =

b) 3, 5, 10 e 15
   mmc =

c) 6, 9, 12 e 18
   mmc =

d) 4, 5, 10, 12 e 15
   mmc =

e) 9, 15, 30 e 45
   mmc =

f) 6, 9, 18 e 27
   mmc =

81 Efetuar:

a) $\dfrac{2}{3} + \dfrac{3}{4} =$
   mmc =

b) $\dfrac{2}{3} - \dfrac{3}{5} =$
   mmc =

c) $\dfrac{5}{6} - \dfrac{3}{5} =$
   mmc =

d) $\dfrac{2}{3} + \dfrac{3}{4} + \dfrac{5}{6} =$
   mmc =

e) $\dfrac{5}{6} + \dfrac{3}{8} - \dfrac{3}{4} =$
   mmc =

f) $\dfrac{1}{2} + \dfrac{2}{3} - \dfrac{3}{4} + \dfrac{5}{6} =$
   mmc =

g) $\dfrac{5}{12} + \dfrac{1}{6} + \dfrac{5}{8} - \dfrac{3}{4} =$
   mmc =

h) $\dfrac{5}{6} - \dfrac{3}{4} + 2 =$
   mmc =

i) $1 + \dfrac{2}{5} - \dfrac{2}{3} =$
   mmc =

j) $\dfrac{3}{4} + \dfrac{7}{10} - \dfrac{3}{5} + 2 =$
   mmc =

k) $\dfrac{1}{6} + 1 - \dfrac{7}{9} + \dfrac{1}{3} =$
   mmc =

l) $\dfrac{5}{7} - \dfrac{7}{14} + 3 - \dfrac{5}{4} =$
   mmc =

82 Escrever na forma de fração ordinária $\left(\text{fração do tipo } \dfrac{a}{b}\right)$, as seguintes expressões:

a) $2 + \dfrac{1}{3} =$

b) $2 - \dfrac{1}{5} =$

c) $3 + \dfrac{2}{5} =$

d) $5 - \dfrac{3}{4} =$

e) $7 - \dfrac{5}{8} =$

f) $\dfrac{3}{5} + 2 =$

g) $\dfrac{3}{7} + 1 =$

h) $\dfrac{2}{9} + 3 =$

83 Simplificar as seguintes expressões:

a) $\dfrac{1}{3} + \dfrac{1}{2} + \dfrac{5}{6} + \dfrac{3}{5} + \dfrac{3}{10} + \dfrac{7}{15} =$

b) $\dfrac{3}{4} + \dfrac{1}{6} + \dfrac{5}{12} + \dfrac{7}{15} + \dfrac{9}{20} - \dfrac{7}{5} =$

c) $5 - \dfrac{1}{3} - \dfrac{1}{4} - \dfrac{5}{6} - \dfrac{1}{2} =$

d) $3 - \dfrac{3}{5} - \dfrac{7}{15} - \dfrac{5}{6} - \dfrac{3}{10} =$

Exemplo: Sabemos que $2\dfrac{3}{5} = 2 + \dfrac{3}{5}$, $5\dfrac{2}{3} = 5 + \dfrac{2}{3}$, etc.

Tirar um número misto de um outro número, significa tirar a parte inteira e também a parte fracionária, do primeiro número:

$5 - 2\dfrac{3}{4} = 5 - 2 - \dfrac{3}{4} = 3 - \dfrac{3}{4} = \dfrac{12-3}{4} = \dfrac{9}{4}$. A penúltima passagem pode ser pulada.

$25\dfrac{3}{4} - 23\dfrac{5}{6} = 25 + \dfrac{3}{4} - 23 - \dfrac{5}{6} = 2 + \dfrac{3}{4} - \dfrac{5}{6} = \dfrac{24 + 9 - 10}{12} = \dfrac{23}{12} = 1\dfrac{11}{12}$

84 Simplificar as expressões:

a) $37\dfrac{2}{3} - 33\dfrac{3}{5} =$

b) $48\dfrac{1}{6} - 45\dfrac{3}{8} =$

c) $39\dfrac{11}{16} - 11\dfrac{13}{24} =$

Resp: **76** a) João b) A c) Física d) Maria **77** a) 25% b) 900% **78** D

85 Simplificar as seguintes expressões:

a) $2\dfrac{1}{5} + 3\dfrac{5}{6} + 4\dfrac{2}{15} - 1\dfrac{7}{10} =$

b) $22\dfrac{1}{2} + 13\dfrac{5}{6} - 9\dfrac{1}{3} - 5\dfrac{5}{9} =$

c) $7 + 2\dfrac{7}{8} + 3 + 2\dfrac{5}{6} + 9 - 4\dfrac{7}{12}$

d) $9\dfrac{3}{5} - 7 + 8\dfrac{3}{10} + 15 - 7\dfrac{4}{15} =$

e) $17 + 1\dfrac{13}{18} - 3 + 7\dfrac{11}{12} + 9 - 5\dfrac{1}{9} + \dfrac{5}{6} =$

f) $20 + 2\dfrac{3}{4} - 7 - 3\dfrac{3}{7} + 13 + 5\dfrac{13}{14} =$

g) $\dfrac{5}{6} + 7 + 3\dfrac{3}{4} - 2 + 5\dfrac{2}{3} - \dfrac{1}{2} =$

h) $\dfrac{11}{12} + 8\dfrac{1}{8} + 6 - 2\dfrac{1}{6} + 3 + 2\dfrac{3}{4} =$

2) Multiplicação de frações

Para entender melhor as simplificações das expressões com frações, a multiplicação de frações e divisão de frações, que são números racionais, que serão estudados, de forma mais completa, posteriormente, devemos recordar as propriedades seguintes:

Se a, b e c são frações, então:

Comutativa: $a + b = b + a$ e $a \cdot b = b \cdot a$

associativa: $a + b + c = a + (b + c) = (a + b) + c$ e $abc = a(bc) = (ab)c$

distributiva: $a(b + c) = ab + ac$

ab segnifica a vezes $b = a \times b = a \cdot b$

I) Multiplicação de número natural por uma fração.

$\dfrac{2}{5}$

Note que: $2\left(\dfrac{2}{5}\right) = \dfrac{2}{5} + \dfrac{2}{5} = \dfrac{4}{5}$

$2\left(\dfrac{2}{5}\right) = \dfrac{4}{5}$

Basta então, multiplicar o número natural pelo numerador e conservar o denominador.

Exemplos: $5\left(\dfrac{7}{9}\right) = \dfrac{35}{9}$, $3\left(\dfrac{2}{11}\right) = \dfrac{6}{11}$, $2 \cdot \dfrac{3}{7} = \dfrac{6}{7}$ $\left(\text{Note que } 2 \cdot \dfrac{3}{7} \neq 2\dfrac{3}{7}\right)$

II) Multiplicação de $\dfrac{1}{n}$ por $\dfrac{1}{m}$.

Como exemplo vamos ver $\dfrac{1}{2}\left(\dfrac{1}{3}\right) = \dfrac{1}{2}$ de $\dfrac{1}{3}$.

$\dfrac{1}{3}$

Note que: $\dfrac{1}{2} \cdot \dfrac{1}{3} = \dfrac{1}{6}$ ou $\dfrac{1}{n} \cdot \dfrac{1}{m} = \dfrac{1}{mn}$

$\dfrac{1}{2}\left(\dfrac{1}{3}\right) = \dfrac{1}{6}$

Quando os numeradores são iguais a 1, basta conservar o numerador 1 e multiplicar os denominadores.

Exemplos: $\dfrac{1}{5} \cdot \dfrac{1}{2} = \dfrac{1}{10}$, $\dfrac{1}{7} \cdot \dfrac{1}{8} = \dfrac{1}{56}$, $\dfrac{1}{2} \cdot \dfrac{1}{9} = \dfrac{1}{18}$, etc...

III) Multiplicação de $\dfrac{a}{b}$ por $\dfrac{c}{d}$

Aplicamos os casos anteriores e associamos convenientemente.

$\dfrac{a}{b} \cdot \dfrac{c}{d} = \left(\dfrac{a}{b}\right) \cdot \left(\dfrac{c}{d}\right) = \left[a \cdot \left(\dfrac{1}{b}\right)\right]\left[c \cdot \left(\dfrac{1}{d}\right)\right] = (a \cdot c)\left(\dfrac{1}{b} \cdot \dfrac{1}{d}\right) = ac \cdot \dfrac{1}{bd} = \dfrac{ac}{bd} \Rightarrow \dfrac{a}{b} \cdot \dfrac{c}{d} = \dfrac{ac}{bd}$

Então basta multiplicar numerador por numerador e denominador por denominador.

Exemplos: 1) $\dfrac{2}{5} \cdot \dfrac{3}{7} = \dfrac{2 \cdot 3}{5 \cdot 7} = \dfrac{6}{35}$, $\dfrac{5}{7} \cdot \dfrac{2}{3} = \dfrac{10}{21}$, $\dfrac{8}{7} \cdot \dfrac{6}{5} = \dfrac{48}{35}$

2) $\dfrac{7}{5} \cdot 3 = \dfrac{7}{5} \cdot \dfrac{3}{1} = \dfrac{21}{5}$, $3 \cdot \dfrac{5}{17} = \dfrac{3}{1} \cdot \dfrac{5}{17} = \dfrac{15}{17}$

Resp: **79** a) $\dfrac{7}{11}$ b) $\dfrac{6}{11}$ c) $\dfrac{4}{5}$ d) $\dfrac{1}{6}$ e) $\dfrac{11}{10}$ f) $\dfrac{3}{5}$ g) $\dfrac{2}{3}$ h) $\dfrac{3}{10}$ i) $\dfrac{1}{3}$ j) $\dfrac{9}{10}$ k) $\dfrac{1}{2}$ l) $\dfrac{1}{2}$

80 a) 12 b) 30 c) 36 d) 60 e) 90 f) 54 **81** a) $\dfrac{17}{12}$ b) $\dfrac{1}{15}$ c) $\dfrac{7}{30}$ d) $\dfrac{9}{4}$ e) $\dfrac{11}{24}$

f) $\dfrac{5}{4}$ g) $\dfrac{11}{24}$ h) $\dfrac{25}{12}$ i) $\dfrac{11}{15}$ j) $\dfrac{57}{20}$ k) $\dfrac{13}{18}$ l) $\dfrac{55}{28}$ **82** a) $\dfrac{7}{3}$ b) $\dfrac{9}{5}$ c) $\dfrac{17}{5}$

d) $\dfrac{17}{4}$ e) $\dfrac{51}{8}$ f) $\dfrac{13}{5}$ g) $\dfrac{10}{7}$ h) $\dfrac{29}{9}$ **83** a) $\dfrac{91}{30}$ b) $\dfrac{17}{20}$ c) $\dfrac{37}{12}$ d) $\dfrac{4}{5}$

84 a) $\dfrac{61}{15} = 4\dfrac{1}{15}$ b) $\dfrac{67}{24} = 2\dfrac{19}{24}$ c) $28\dfrac{7}{48}$

Juntando os três casos obtemos: $\dfrac{a}{b} \cdot \dfrac{c}{d} = \dfrac{a \cdot c}{b \cdot d}$

Sempre que possível devemos simplificar, antes de multiplicar, numeradores com denominadores.

Exemplos: 1) $\dfrac{4}{5} \cdot \dfrac{3}{4} = \dfrac{1}{5} \cdot \dfrac{3}{1} = \dfrac{3}{5}$ É melhor do que: $\dfrac{4}{5} \cdot \dfrac{3}{4} = \dfrac{12}{20} = \dfrac{3}{5}$

2) $\dfrac{15}{4} \cdot \dfrac{7}{25} = \dfrac{3}{4} \cdot \dfrac{7}{5} = \dfrac{21}{20}$, $\dfrac{28}{35} \cdot \dfrac{3}{5} = \dfrac{4}{5} \cdot \dfrac{3}{5} = \dfrac{12}{25}$

3) $\dfrac{5}{7} \cdot \dfrac{8}{12} = \dfrac{5}{7} \cdot \dfrac{2}{3} = \dfrac{10}{21}$, $\dfrac{4}{6} \cdot \dfrac{34}{51} = \dfrac{2}{3} \cdot \dfrac{2}{3} = \dfrac{4}{9}$

4) $\dfrac{15}{28} \cdot \dfrac{21}{55} = \dfrac{3}{4} \cdot \dfrac{3}{11} = \dfrac{9}{44}$, $\dfrac{8}{25} \cdot \dfrac{15}{16} = \dfrac{1}{5} \cdot \dfrac{3}{2} = \dfrac{3}{10}$

86 Determinar os seguintes produtos:

a) $2 \cdot \dfrac{5}{11} =$	$3 \cdot \dfrac{7}{5} =$	$\dfrac{8}{25} \cdot 2 =$	$\dfrac{6}{25} \cdot 3 =$
b) $\dfrac{1}{5} \cdot \dfrac{1}{4} =$	$\dfrac{1}{7} \cdot \dfrac{1}{2} =$	$\dfrac{1}{6} \cdot \dfrac{1}{3} =$	$\dfrac{1}{4} \cdot \dfrac{1}{4} =$
c) $\dfrac{2}{5} \cdot \dfrac{4}{3} =$	$\dfrac{3}{5} \cdot \dfrac{4}{7} =$	$\dfrac{8}{7} \cdot \dfrac{1}{3} =$	$\dfrac{1}{9} \cdot \dfrac{4}{3} =$
d) $\dfrac{3}{2} \cdot \dfrac{1}{2} \cdot \dfrac{3}{5} =$	$\dfrac{1}{3} \cdot \dfrac{1}{2} \cdot \dfrac{5}{7} =$	$\dfrac{4}{7} \cdot \dfrac{2}{3} \cdot \dfrac{2}{5} =$	$\dfrac{2}{3} \cdot \dfrac{4}{5} \cdot \dfrac{8}{7} =$
e) $5 \cdot \dfrac{4}{9} =$	$\dfrac{8}{17} \cdot 2 =$	$\dfrac{1}{5} \cdot \dfrac{1}{9} =$	$\dfrac{1}{4} \cdot \dfrac{3}{7} =$
f) $\dfrac{5}{8} \cdot \dfrac{5}{8} =$	$\dfrac{2}{3} \cdot \dfrac{4}{5} \cdot \dfrac{2}{3} =$	$5 \cdot \dfrac{3}{8} =$	$\dfrac{5}{11} \cdot 3 =$

87 Simplificando, antes de multiplicar, obter os seguintes produtos:

a) $\dfrac{4}{6} \cdot \dfrac{5}{7} =$	$\dfrac{3}{5} \cdot \dfrac{21}{28} =$	$\dfrac{15}{7} \cdot \dfrac{3}{25} =$	$\dfrac{5}{24} \cdot \dfrac{18}{7} =$	$\dfrac{4}{6} \cdot \dfrac{25}{35} =$
b) $\dfrac{10}{12} \cdot \dfrac{5}{7} =$	$\dfrac{12}{45} \cdot \dfrac{25}{18} =$	$\dfrac{39}{28} \cdot \dfrac{14}{26} =$	$\dfrac{56}{49} \cdot \dfrac{63}{64} =$	$\dfrac{20}{24} \cdot \dfrac{42}{56} =$
c) $\dfrac{27}{45} \cdot \dfrac{30}{45} =$	$\dfrac{15}{32} \cdot \dfrac{24}{21} =$	$\dfrac{14}{24} \cdot \dfrac{12}{21} =$	$\dfrac{5}{7} \cdot \dfrac{7}{5} =$	$\dfrac{4}{6} \cdot \dfrac{3}{2} =$

88 Efetuar as seguintes multiplicações:

a) $8 \cdot \dfrac{5}{16} =$

b) $12 \cdot \dfrac{7}{18} =$

c) $12 \cdot \dfrac{5}{36} =$

d) $9 \cdot \dfrac{7}{12} =$

e) $16 \cdot \dfrac{3}{24} =$

f) $\dfrac{7}{45} \cdot 60 =$

g) $11 \cdot \dfrac{12}{121} =$

h) $13 \cdot \dfrac{4}{169} =$

i) $\dfrac{12}{225} \cdot 15 =$

j) $\dfrac{20}{3} \cdot \dfrac{1}{25} =$

k) $\dfrac{36}{7} \cdot \dfrac{1}{24} =$

l) $\dfrac{42}{5} \cdot \dfrac{1}{54} =$

89 Efetuar:

a) $\dfrac{4}{6} \cdot \dfrac{10}{15} \cdot \dfrac{18}{24} =$

b) $\dfrac{5}{6} \cdot \dfrac{4}{15} \cdot \dfrac{81}{9} =$

c) $\dfrac{121}{169} \cdot \dfrac{26}{33} \cdot \dfrac{24}{36} =$

d) $\dfrac{44}{21} \cdot \dfrac{49}{40} \cdot \dfrac{25}{121} =$

e) $\dfrac{34}{51} \cdot \dfrac{39}{52} \cdot \dfrac{28}{42} =$

f) $\dfrac{28}{75} \cdot \dfrac{63}{49} \cdot \dfrac{60}{81} =$

90 Efetuar:

a) $\dfrac{5}{6} \cdot \dfrac{3}{4} =$

b) $\dfrac{5}{6} + \dfrac{3}{4} =$

c) $\dfrac{5}{6} - \dfrac{3}{4} =$

d) $\dfrac{7}{15} \cdot \dfrac{9}{10} =$

e) $\dfrac{7}{15} + \dfrac{9}{10} =$

f) $\dfrac{9}{10} - \dfrac{7}{15} =$

g) $\dfrac{45}{12} \cdot \dfrac{27}{18} =$

h) $\dfrac{45}{12} - \dfrac{27}{18} =$

91 Simplificar as seguintes expressões:

a) $\left(\dfrac{1}{2} - \dfrac{1}{3}\right) \cdot \dfrac{8}{7} =$

b) $\left(\dfrac{3}{4} + \dfrac{2}{3} - \dfrac{5}{6}\right) \cdot \dfrac{2}{35} =$

c) $\dfrac{5}{69} \cdot \left(2 - \dfrac{5}{8} - \dfrac{5}{12}\right) =$

Resp: **85** a) $8\dfrac{7}{15}$ b) $21\dfrac{4}{9}$ c) $20\dfrac{1}{8}$ d) $18\dfrac{19}{30}$ e) $28\dfrac{13}{36}$ f) $31\dfrac{1}{4}$ g) $14\dfrac{3}{4}$ h) $18\dfrac{5}{8}$

92 Simplificar as seguintes expressões:

a) $\left(2 - \dfrac{1}{3} - \dfrac{1}{6}\right) \cdot \left(\dfrac{7}{6} - \dfrac{2}{3} - \dfrac{2}{9}\right) =$

b) $\left(\dfrac{2}{3} + \dfrac{1}{2} + \dfrac{1}{6}\right) \cdot \left(3 - \dfrac{1}{6} - \dfrac{3}{4} - \dfrac{5}{6}\right) =$

c) $\left(\dfrac{3}{4} - \dfrac{1}{6} + \dfrac{5}{8}\right) \cdot \left(\dfrac{3}{5} - \dfrac{1}{6} - \dfrac{1}{15} + \dfrac{3}{10}\right) =$

d) $\left(\dfrac{11}{13} + \dfrac{3}{2} - 1\right) \cdot \left(\dfrac{4}{5} - \dfrac{3}{4} + \dfrac{1}{10} + \dfrac{1}{2}\right) =$

e) $\left(8\dfrac{1}{4} + 5\dfrac{5}{6} - 12\dfrac{2}{3}\right) \cdot \left(14\dfrac{6}{17} - 9\dfrac{2}{3} - 3\right) =$

f) $\left(\dfrac{5}{6} - \dfrac{5}{9}\right) \cdot \left(\dfrac{3}{7} + \dfrac{3}{2}\right) \cdot \left(\dfrac{7}{10} - \dfrac{7}{15}\right) =$

g) $\left(21\dfrac{2}{5} - 12\dfrac{5}{6} - 7\dfrac{8}{15} - \dfrac{3}{10}\right)\left(6\dfrac{3}{4} + 3\dfrac{3}{2} - 5\dfrac{3}{11} - 4\dfrac{19}{22}\right)\left(21\dfrac{2}{7} - 8\dfrac{13}{14} - 2\dfrac{3}{4} - 9\dfrac{1}{2}\right) =$

3) Divisão de frações

Observar as seguintes informações:

I) Dado o número fracionário $\frac{a}{b}$, diferente de zero, o número $\frac{b}{a}$ é chamado **inverso** ou **recíproco** de $\frac{a}{b}$.

Exemplos: $\frac{5}{3}$ é o inverso de $\frac{3}{5}$, outros: $\frac{7}{8}$ e $\frac{8}{7}$, $\frac{5}{9}$ e $\frac{9}{5}$, 8 e $\frac{1}{8}$, $\frac{1}{7}$ e 7.

Note que o produto de dois números, onde um é inverso do outro, dá 1

Exemplo: $\frac{2}{7} \cdot \frac{7}{2} = \frac{14}{14} = 1$, $\frac{5}{8} \cdot \frac{8}{5} = 1$, $\frac{9}{13} \cdot \frac{13}{9} = 1$, $9 \cdot \frac{1}{9} = 1$

Generalizando: $\boxed{\frac{c}{d} \cdot \frac{d}{c} = 1}$

II) Dados dois números, fracionários ou não, iguais, multiplicando estes números por um mesmo fator, os produtos obtidos são iguais.

Exemplos: $2 = 2 \Rightarrow 2(6) = 2(6) = 12$; $\frac{2}{3} = \frac{2}{3} \Rightarrow \frac{2}{3} \cdot (6) = \frac{2}{3} \cdot (6) = \frac{12}{3} = 4$;

$\frac{2}{3} = \frac{2}{3} \Rightarrow \frac{2}{3}\left(\frac{1}{5}\right) = \frac{2}{3}\left(\frac{1}{5}\right) = \frac{2}{15}$; $\frac{3}{5} = \frac{3}{5} \Rightarrow \frac{3}{5} \cdot \frac{5}{3} = \frac{3}{5} \cdot \frac{5}{3} = 1$

Generalizando: $\boxed{x = y \Rightarrow x \cdot a = y \cdot a}$

III) Há uma propriedade que diz: se um número dividido por um segundo dá um terceiro, então o terceiro vezes o segundo dá o primeiro.

Exemplos: $12 : 2 = 6 \Rightarrow 6 \cdot 2 = 12$, $56 : 7 = 8 \Rightarrow 8 \cdot 7 = 56$

Generalizando: $\boxed{n : m = x \Rightarrow x \cdot m = n}$

Usando essas informações, vamos mostrar que $\frac{a}{b} : \frac{c}{d} = \frac{a}{b} \cdot \frac{d}{c}$

$\frac{a}{b} : \frac{c}{d} = x$. Vamos mostra que $x = \frac{a}{b} \cdot \frac{d}{c}$.

De acordo com III, temos: $\frac{a}{b} : \frac{c}{d} = x \Rightarrow x \cdot \frac{c}{d} = \frac{a}{b}$.

De acordo com II, vamos multiplicar os números da última igualdade por $\frac{d}{c}$:

$x \cdot \frac{c}{d} = \frac{a}{b} \Rightarrow x \cdot \frac{c}{d} \cdot \frac{d}{c} = \frac{a}{b} \cdot \frac{d}{c} \Rightarrow x \cdot 1 = \frac{a}{b} \cdot \frac{d}{c} \Rightarrow \boxed{x = \frac{a}{b} \cdot \frac{d}{c}}$. E como $\frac{a}{b} : \frac{c}{d} = x$,

obtemos: $\boxed{\frac{a}{b} : \frac{c}{d} = \frac{a}{b} \cdot \frac{d}{c}}$ Então, para dividirmos duas frações, basta multiplicar a primeira pelo inverso da segunda.

Exemplos: 1) $\frac{5}{7} : \frac{2}{3} = \frac{5}{7} \cdot \frac{3}{2} = \frac{15}{14}$; $\frac{5}{6} : \frac{5}{6} = \frac{5}{6} \cdot \frac{6}{5} = 1$

2) $\frac{3}{5} : \frac{5}{3} = \frac{3}{5} \cdot \frac{3}{5} = \frac{9}{25}$; $\frac{2}{7} : 5 = \frac{2}{7} : \frac{5}{1} = \frac{2}{7} \cdot \frac{1}{5} = \frac{2}{35}$

3) $3 : \frac{5}{9} = 3 \cdot \frac{9}{5} = \frac{3}{1} \cdot \frac{9}{5} = \frac{27}{5}$; $\frac{4}{9} : \frac{4}{7} = \frac{4}{9} \cdot \frac{7}{4} = \frac{7}{9}$

Note que sempre transformamos uma divisão de frações em uma multiplicação.

Resp: **86** a) $\frac{10}{11}$; $\frac{21}{5}$; $\frac{16}{25}$; $\frac{18}{25}$ b) $\frac{1}{20}$; $\frac{1}{14}$; $\frac{1}{18}$; $\frac{1}{16}$ c) $\frac{8}{15}$; $\frac{12}{35}$; $\frac{8}{21}$; $\frac{4}{27}$ d) $\frac{9}{20}$; $\frac{5}{42}$; $\frac{16}{105}$; $\frac{64}{105}$

e) $\frac{20}{9}$; $\frac{16}{17}$; $\frac{1}{45}$; $\frac{3}{28}$ f) $\frac{25}{64}$; $\frac{16}{45}$; $\frac{15}{8}$; $\frac{15}{11}$ **87** a) $\frac{10}{21}$; $\frac{9}{20}$; $\frac{9}{35}$; $\frac{15}{28}$; $\frac{10}{21}$ b) $\frac{25}{42}$; $\frac{10}{27}$; $\frac{3}{4}$; $\frac{9}{8}$; $\frac{5}{8}$

c) $\frac{2}{5}$; $\frac{15}{28}$; $\frac{1}{3}$; 1; 1 **88** a) $\frac{5}{2}$ b) $\frac{14}{3}$ c) $\frac{5}{3}$ d) $\frac{21}{4}$ e) 2 f) $\frac{28}{3}$ g) $\frac{12}{11}$ h) $\frac{4}{13}$

i) $\frac{4}{5}$ j) $\frac{4}{15}$ k) $\frac{3}{14}$ l) $\frac{7}{45}$ **89** a) $\frac{1}{3}$ b) 2 c) $\frac{44}{117}$ d) $\frac{35}{66}$ e) $\frac{1}{3}$ f) $\frac{16}{45}$ **90** a) $\frac{5}{8}$

b) $\frac{19}{12}$ c) $\frac{1}{12}$ d) $\frac{21}{50}$ e) $\frac{41}{30}$ f) $\frac{13}{30}$ g) $\frac{45}{8}$ h) $\frac{9}{4}$ **91** a) $\frac{4}{21}$ b) $\frac{1}{30}$ c) $\frac{5}{72}$

93 Efetuar as seguintes divisões:

a) $\dfrac{3}{5} : \dfrac{5}{2} =$ | $\dfrac{5}{7} : \dfrac{3}{2} =$ | $\dfrac{4}{3} : \dfrac{5}{2} =$ | $\dfrac{9}{8} : \dfrac{2}{3} =$ | $\dfrac{5}{2} : \dfrac{7}{3} =$

b) $\dfrac{3}{5} : \dfrac{1}{2} =$ | $\dfrac{4}{7} : \dfrac{1}{3} =$ | $\dfrac{5}{8} : 3 =$ | $\dfrac{7}{9} : 4 =$ | $\dfrac{1}{3} : \dfrac{5}{2} =$

c) $\dfrac{1}{7} : \dfrac{3}{2} =$ | $\dfrac{1}{9} : \dfrac{1}{5} =$ | $\dfrac{1}{7} : \dfrac{1}{3} =$ | $5 : \dfrac{2}{3} =$ | $7 : \dfrac{5}{3} =$

d) $\dfrac{1}{5} : 2 =$ | $\dfrac{1}{7} : 3 =$ | $\dfrac{2}{5} : 3 =$ | $\dfrac{5}{8} : 2 =$ | $5 : 3 =$

e) $5 : \dfrac{1}{2} =$ | $7 : \dfrac{1}{7} =$ | $8 : \dfrac{7}{3} =$ | $5 : \dfrac{3}{5} =$ | $9 : \dfrac{1}{3} =$

94 Determinar o resultado da expressão, nos casos:

a) $\dfrac{3}{4} : \dfrac{9}{8} =$ | $\dfrac{9}{10} : \dfrac{6}{5} =$ | $\dfrac{9}{25} : \dfrac{12}{15} =$ | $\dfrac{14}{21} : \dfrac{4}{10} =$ | $\dfrac{28}{35} : \dfrac{21}{30} =$

b) $\dfrac{56}{64} : \dfrac{42}{8} =$ | $\dfrac{8}{6} : \dfrac{36}{42} =$ | $\dfrac{50}{8} : \dfrac{30}{16} =$ | $\dfrac{24}{70} : \dfrac{30}{14} =$ | $\dfrac{20}{35} : \dfrac{24}{63} =$

c) $\dfrac{14}{10} : \dfrac{2}{10} =$ | $4 : \dfrac{16}{28} =$ | $\dfrac{25}{35} : \dfrac{10}{14} =$ | $\dfrac{20}{24} : \dfrac{3}{18} =$ | $\dfrac{18}{10} : \dfrac{24}{40} =$

95 Simplificar as seguintes expressões:

a) $\left(\dfrac{2}{3} : \dfrac{3}{5}\right) : \dfrac{1}{7} =$

b) $\left(\dfrac{2}{5} : \dfrac{4}{5}\right) : \dfrac{7}{2} =$

c) $\left(\dfrac{2}{3} : \dfrac{3}{4}\right) : \dfrac{8}{9} =$

d) $\left(\dfrac{12}{18} : \dfrac{6}{21}\right) : \dfrac{28}{35} =$

e) $\left(\dfrac{8}{12} : \dfrac{15}{25}\right) : \dfrac{35}{42} =$

f) $\left(\dfrac{9}{15} : \dfrac{24}{20}\right) : \dfrac{75}{10} =$

g) $\dfrac{4}{18} : \left(\dfrac{8}{6} : \dfrac{15}{25}\right) =$

h) $\dfrac{9}{15} : \left(\dfrac{8}{30} : \dfrac{32}{36}\right) =$

i) $\dfrac{36}{81} : \left(\dfrac{50}{36} : \dfrac{35}{28}\right) =$

96 Determinar o resultado das seguintes divisões:

a) $\dfrac{\dfrac{5}{3}}{\dfrac{3}{4}} =$

b) $\dfrac{\dfrac{1}{2}}{\dfrac{7}{5}} =$

c) $\dfrac{\dfrac{3}{8}}{\dfrac{1}{7}} =$

d) $\dfrac{\dfrac{3}{7}}{5} =$

e) $\dfrac{3}{\dfrac{7}{5}} =$

f) $\dfrac{1}{\dfrac{5}{8}} =$

g) $\dfrac{\dfrac{6}{25}}{\dfrac{14}{10}} =$

h) $\dfrac{\dfrac{12}{35}}{\dfrac{16}{21}} =$

i) $\dfrac{\dfrac{15}{27}}{\dfrac{20}{18}} =$

j) $\dfrac{\dfrac{16}{54}}{\dfrac{20}{45}} =$

k) $\dfrac{\dfrac{18}{5}}{24} =$

l) $\dfrac{\dfrac{18}{45}}{10} =$

Resp: **92** a) $\dfrac{5}{12}$ b) $\dfrac{5}{3}$ c) $\dfrac{29}{36}$ d) $\dfrac{7}{8}$ e) $2\dfrac{7}{18}$ f) $\dfrac{1}{8}$ g) $\dfrac{7}{80}$

97 Efetuar:

a) $\dfrac{4}{5} + \dfrac{2}{3} =$ | $\dfrac{4}{5} - \dfrac{2}{3} =$ | $\dfrac{4}{5} \cdot \dfrac{2}{3} =$ | $\dfrac{4}{5} : \dfrac{2}{3} =$ | $\dfrac{5}{6} + \dfrac{3}{4} =$

b) $\dfrac{5}{6} \cdot \dfrac{3}{4} =$ | $\dfrac{5}{6} - \dfrac{3}{4} =$ | $\dfrac{5}{6} : \dfrac{3}{4} =$ | $2 - \dfrac{3}{4} =$ | $2 : \dfrac{3}{4} =$

c) $2 + \dfrac{3}{4} =$ | $2 \cdot \dfrac{3}{4} =$ | $\dfrac{4}{3} + 2 =$ | $\dfrac{4}{3} \cdot 2 =$ | $\dfrac{4}{3} : 2 =$

98 Simplificar as seguintes expressões:

a) $\left(\dfrac{2}{3} - \dfrac{1}{6} + \dfrac{5}{4}\right) : \dfrac{35}{16} =$

b) $\dfrac{34}{9} : \left(2 + \dfrac{1}{4} - \dfrac{5}{6}\right) =$

c) $\left(\dfrac{8}{5} - \dfrac{5}{6} - \dfrac{4}{15}\right) : \dfrac{5}{8} =$

d) $\left(\dfrac{5}{4} - \dfrac{2}{3}\right) : \left(\dfrac{5}{6} - \dfrac{3}{8}\right) =$

e) $\left(\dfrac{7}{15} + \dfrac{3}{10}\right) : \left(2 + \dfrac{7}{8}\right) =$

f) $\left(\dfrac{5}{6} + \dfrac{3}{8}\right) : \left(\dfrac{7}{17} + 3\right) =$

g) $\left(\dfrac{5}{6} - \dfrac{3}{4} + \dfrac{1}{2}\right) : \left(\dfrac{3}{4} - \dfrac{3}{8} + \dfrac{15}{16}\right) =$

h) $\left(\dfrac{5}{6} + \dfrac{3}{8} - \dfrac{5}{12}\right) : \left(\dfrac{2}{3} - \dfrac{1}{6} + \dfrac{5}{9}\right) =$

i) $\left(1 - \dfrac{7}{10} + \dfrac{2}{15}\right) : \left(\dfrac{3}{2} - \dfrac{11}{18} - \dfrac{5}{12} + \dfrac{1}{4}\right) =$

j) $\left(\dfrac{2}{3} - \dfrac{4}{15} - \dfrac{2}{9}\right) : \left(\dfrac{7}{12} - \dfrac{2}{15} - \dfrac{3}{10}\right) =$

99 Simplificar as seguintes expressões:

a) $\dfrac{\dfrac{2}{3} : \dfrac{4}{5}}{\dfrac{4}{6} : \dfrac{2}{15}} =$

b) $\dfrac{\dfrac{15}{8} : \dfrac{14}{4}}{\dfrac{7}{6} \cdot \dfrac{9}{14}} =$

c) $\dfrac{\dfrac{12}{28} \cdot \dfrac{21}{18}}{\dfrac{16}{15} : \dfrac{12}{25}} =$

d) $\dfrac{\dfrac{8}{12} : \dfrac{35}{42}}{\dfrac{10}{15} : \dfrac{24}{16}} =$

e) $\dfrac{\dfrac{3}{4} - \dfrac{3}{10}}{\dfrac{4}{15} + \dfrac{5}{6}} =$

f) $\dfrac{\dfrac{1}{3} - \dfrac{1}{9} - \dfrac{1}{6}}{\dfrac{1}{3} - \dfrac{1}{8} + \dfrac{1}{6}} =$

g) $\dfrac{\dfrac{3}{8} + \dfrac{5}{6}}{\dfrac{3}{4} - \dfrac{1}{6}} =$

h) $\dfrac{\dfrac{5}{8} + \dfrac{1}{6} - \dfrac{5}{12}}{\dfrac{5}{9} - \dfrac{5}{12} + \dfrac{5}{18}} =$

i) $\dfrac{\dfrac{2}{3} - \dfrac{1}{2}}{2 - \dfrac{1}{8}} =$

j) $\dfrac{\dfrac{7}{5} - \dfrac{5}{9} + \dfrac{4}{15}}{\dfrac{1}{2} - \dfrac{2}{15} - \dfrac{3}{10}} =$

100 Determinar x e y e $y : x$ e $\dfrac{1}{y} - \dfrac{1}{x}$.

$x = \dfrac{\dfrac{3}{5} - \dfrac{3}{10} + \dfrac{1}{2}}{\dfrac{5}{6} - \dfrac{3}{4} + \dfrac{1}{8}} =$

$y = \dfrac{\dfrac{1}{3} + \dfrac{1}{5}}{\dfrac{5}{4} - \dfrac{5}{6}} =$

Resp: **93** a) $\dfrac{6}{25}$; $\dfrac{10}{21}$; $\dfrac{8}{15}$; $\dfrac{27}{16}$; $\dfrac{15}{14}$ b) $\dfrac{6}{5}$; $\dfrac{12}{7}$; $\dfrac{5}{24}$; $\dfrac{7}{36}$; $\dfrac{2}{15}$ c) $\dfrac{2}{21}$; $\dfrac{5}{9}$; $\dfrac{3}{7}$; $\dfrac{15}{2}$; $\dfrac{21}{5}$ d) $\dfrac{1}{10}$; $\dfrac{1}{21}$; $\dfrac{2}{15}$; $\dfrac{5}{16}$; $\dfrac{5}{3}$

e) 10; 49; $\dfrac{24}{7}$; $\dfrac{25}{3}$; 27 **94** a) $\dfrac{2}{3}$; $\dfrac{3}{4}$; $\dfrac{9}{20}$; $\dfrac{5}{3}$; $\dfrac{8}{7}$ b) $\dfrac{1}{6}$; $\dfrac{14}{9}$; $\dfrac{10}{3}$; $\dfrac{4}{25}$; $\dfrac{3}{2}$ c) 7; 7; 1; 5; 3

95 a) $\dfrac{70}{9}$ b) $\dfrac{1}{7}$ c) 1 d) $\dfrac{35}{12}$ e) $\dfrac{4}{3}$ f) $\dfrac{1}{15}$ g) $\dfrac{1}{10}$ h) 2 i) $\dfrac{2}{5}$ **96** a) $\dfrac{20}{9}$ b) $\dfrac{5}{14}$ c) $\dfrac{21}{8}$

d) $\dfrac{3}{35}$ e) $\dfrac{15}{7}$ f) $\dfrac{8}{5}$ g) $\dfrac{6}{35}$ h) $\dfrac{9}{20}$ i) $\dfrac{1}{2}$ j) $\dfrac{2}{3}$ k) $\dfrac{3}{20}$ l) 4

101 Efetuar e dar a resposta na forma de taxa porcentual.

a) 20% + 15% + 7% =

b) 30% + 50% − 35% =

c) (30%) · (20%) =

d) (40%) · (25%) =

e) (30%) : (50%) =

f) (15%) : (20%) =

102 Simplificar as seguintes expressões.

a) $\dfrac{2}{3} + \dfrac{3}{4} \cdot \dfrac{10}{9} - \dfrac{3}{14} : \dfrac{2}{7} =$

b) $\dfrac{4}{15} \cdot \dfrac{5}{6} - \dfrac{1}{6} + \dfrac{8}{9} : \dfrac{4}{3} =$

c) $\dfrac{14}{35} : \dfrac{27}{36} - \dfrac{21}{70} + \dfrac{8}{24} \cdot \dfrac{15}{6}$

d) $\dfrac{15}{20} + \dfrac{35}{18} \cdot \dfrac{9}{21} - \dfrac{12}{32} - \dfrac{35}{15} : \dfrac{8}{2} =$

e) $\dfrac{15}{9} : \dfrac{12}{8} + \dfrac{16}{60} + \dfrac{7}{21} - \dfrac{42}{6} : \dfrac{25}{5}$

f) $\dfrac{1 + \dfrac{1 - \dfrac{1}{3}}{1 + \dfrac{1}{3}}}{\dfrac{\dfrac{2}{3} + 1}{\dfrac{5}{4} - 1} - 2} =$

3 – Problemas

Observar os significados de algumas expressões:

1) O triplo de 7 = 3 multiplicado por 7 = 3 · 7 = 21.

2) O dobro de 30 = 2 multiplicado por 30 = 2 · 30 = 60.

3) A terça parte de 30 = 30 divido por 3 = $\frac{30}{3}$ = 10.

   A terça parte de 30 = $\frac{1}{3}$ multiplicando por 30 = $\frac{1}{3}$ · 30 = 10.

4) Dois terços de 30 = O dobro da terça parte de 30 = $2\left(\frac{30}{3}\right) = 2 \cdot 10 = 20$

   Dois terços de 30 = A terça parte do dobro de 30 = $\frac{1}{3}(2 \cdot 30) = \frac{1}{3}(60) = 20$.

   Dois terços de 30 = $\frac{2}{3}$ multiplicado por 30 = $\frac{2}{3} \cdot 30 = \frac{2}{3} \cdot \frac{30}{1} = \frac{2}{1} \cdot \frac{10}{1} = 20$.

   Da mesma forma: $\frac{5}{3}$ de 12 = $\frac{5}{3}(12) = 20$, $\frac{5}{7}$ de $\frac{2}{3} = \frac{5}{7} \cdot \frac{2}{3} = \frac{10}{21}$, etc.

5) Quinze centésimos de 500 = $\frac{15}{100}(500) = 15 \cdot 5 = 75$.

6) Quinze por cento de 500 = 15% (500) = $\frac{15}{100}(500) = 15(5) = 75$.

7) Dois terços dos três sétimos de 42 = $\frac{2}{3} \cdot \frac{3}{7} \cdot 42 = \frac{2}{7} \cdot 42 = 2 \cdot 6 = 12$.

   Da mesma forma, generalizando, sendo **n** um número natural ou fracionário qualquer, temos:

   O dobro de n = 2 · n = 2n,   o tripo de n = 3 · n = 3n,   metade de n = $\frac{1}{2} \cdot n = \frac{n}{2}$.

   $\frac{2}{3}$ de n = $\frac{2}{3} \cdot n$, $\frac{7}{5}$ de $\frac{3}{8}$ de n = $\frac{7}{5} \cdot \frac{3}{8} \cdot n = \frac{21}{40} \cdot n$, etc

8) 2 · (7) = 14 ⇒ 7 = 14 : 2, $\frac{2}{5}(10) = 4$ ⇒ $10 = 4 : \frac{2}{5} = 4 \cdot \frac{5}{2} = 10$

   $\frac{1}{2} \cdot (8) = 4$ ⇒ $8 = 4 : \frac{1}{2} = 4 \cdot 2 = 8$; $\frac{3}{7}(35) = 15$ ⇒ $35 = 15 : \frac{3}{7} = 15 \cdot \frac{7}{3} = 35$

   Da mesma forma

   2 · n = 18 ⇒ n = 18 : 2 ⇒ $\boxed{n = 9}$; $\frac{2}{3}(n) = 12$ ⇒ $n = 12 : \frac{2}{3} = 12 \cdot \frac{3}{2}$ ⇒ $\boxed{n = 18}$

   Então: $\boxed{a \neq 0 \text{ e } a \cdot n = b \Rightarrow n = b : a}$

Exemplos 1: Determinar o que se pede, nos casos:

a) O tripo de 17.	b) Dois terços de 51.	c) Três quartos de 20.
R: 3 · (17) = 51	R: $\frac{2}{3}(51) = 2(17) = 34$	R: $\frac{3}{4}(20) = 3 \cdot 5 = 15$
d) Três quintos de $\frac{2}{7}$.	e) Quinze centésimos de 300.	f) Sete por cento de 400.
R: $\frac{3}{5} \cdot \frac{2}{7} = \frac{6}{35}$	R: $\frac{15}{100}(300) = 15 \cdot 3 = 45$	R: 7%(400) = $\frac{7}{100}(400) = 7 \cdot 4 = 28$

Resp: **97** a) $\frac{22}{15}$; $\frac{2}{15}$; $\frac{8}{15}$; $\frac{6}{5}$; $\frac{19}{12}$ b) $\frac{5}{8}$; $\frac{1}{12}$; $\frac{10}{9}$; $\frac{5}{4}$; $\frac{8}{3}$ c) $\frac{11}{4}$; $\frac{3}{2}$; $\frac{10}{3}$; $\frac{8}{3}$; $\frac{2}{3}$ **98** a) $\frac{4}{5}$ b) $\frac{8}{3}$ c) $\frac{4}{5}$

d) $\frac{14}{11}$ e) $\frac{4}{15}$ f) $\frac{17}{48}$ g) $\frac{4}{9}$ h) $\frac{3}{4}$ i) $\frac{3}{5}$ j) $\frac{32}{27}$

99 a) $\frac{1}{6}$ b) $\frac{5}{7}$ c) $\frac{9}{40}$ d) $\frac{9}{5}$ e) $\frac{9}{22}$ f) $\frac{4}{27}$ g) $\frac{29}{14}$ h) $\frac{9}{10}$ i) $\frac{4}{45}$ j) $\frac{50}{3}$

100 x = $\frac{96}{25}$, y = $\frac{32}{25}$, $\frac{y}{x} = \frac{1}{3}$, $\frac{1}{y} - \frac{1}{x} = \frac{25}{48}$

Exemplo 2: Determinar o número **n**, nos casos:

a) $2 \cdot n = 14$	b) $\dfrac{2}{5}(n) = 14$
R: $2n = 14 \Rightarrow n = 14 : 2 \Rightarrow n = 7$	R: $n = 14 : \dfrac{2}{5} \Rightarrow n = 14 \cdot \dfrac{5}{2} = 7 \cdot 5 = 35$
c) $\dfrac{3}{7}(n) = 8$	d) $\dfrac{5}{8}(n) = \dfrac{15}{28}$
$n = 8 : \dfrac{3}{7} = 8 \cdot \dfrac{7}{3} \Rightarrow n = \dfrac{56}{3}$	$n = \dfrac{15}{28} : \dfrac{5}{8} = \dfrac{15}{28} \cdot \dfrac{8}{5} = \dfrac{3}{7} \cdot \dfrac{2}{1} = \dfrac{6}{7}$

Exemplo 3: Comprei um relógio automático por R$ 560,00. Quanto teria pago se ele custasse apenas $\dfrac{5}{7}$ do que custou:

Resolução: $\dfrac{5}{7}(560) = 5 \cdot (80) = 400$

Resposta: R$ 400,00

Exemplo 4: Para pavimentar $\dfrac{8}{13}$ do piso de um estacionamento, gastei 40 sacos de cimento. Quantos sacos serão necessários para terminar a pavimentação?

Resolução: 1) Sendo n o número total de sacos, temos:

$\dfrac{8}{13}(n) = 40 \Rightarrow n = 40 : \dfrac{8}{13} \Rightarrow n = 40 \cdot \dfrac{13}{8} \Rightarrow n = 5 \cdot 13 \Rightarrow n = 65$

2) $65 - 40 = 25$

Resposta: 25 sacos

Exemplos 5: Pelos $\dfrac{3}{8}$ do valor de um quadro paguei R$ 180,00. Quanto vale $\dfrac{3}{10}$ do valor deste quadro?

Resolução: 1) Sendo n o valor do quadro temos:

$\dfrac{3}{8}(n) = 180 \Rightarrow n = 180 : \dfrac{3}{8} \Rightarrow n = 180 \cdot \dfrac{8}{3} = 60 \cdot 8 \Rightarrow n = 480$

2) $\dfrac{3}{10}(480) = 3(48) = 144$

Resposta: R$ 144,00

Exemplo 6: Gastei $\dfrac{2}{9}$ em uma loja e $\dfrac{1}{6}$ em outra, do total de R$ 540,00 que possuia. Que importância me restou?

Resolução:

1º modo: 1) $\dfrac{2}{9}(540) = 2(60) = 120$, $\dfrac{1}{6}(540) = 90$ e $120 + 90 = 210$

2) $540 - 210 = 330$

2º modo: 1) $\dfrac{2}{9} + \dfrac{1}{6} = \dfrac{4+3}{18} = \dfrac{7}{18} \Rightarrow$ Sobrou $\dfrac{11}{18}$ de 540

2) $\dfrac{11}{18}(540) = 11(30) = 330$

Resposta: R$ 330,00

Exemplo 7: Paguei $\frac{3}{13}$ de uma dívida de R$ 624,00 em um mês e $\frac{5}{8}$ do resto em outro mês. Quanto ainda devo?

Resolução: 1) $\frac{3}{13}(624) = 3\left(\frac{624}{13}\right) = 3(48) = 144 \Rightarrow$ Pagamento de 144

2) $624 - 144 = 480 \Rightarrow$ A nova dívida é de 480.

3) $\frac{5}{8}(480) = 5(60) = 300 \Rightarrow$ Pagamento de 300

4) $480 - 300 = 180$

Resposta: R$ 180,00

Exemplo 8: Gastei $\frac{2}{7}$ do que possuia e fiquei com R$ 450,00. Quanto possuia?

Resolução: 1) $1 - \frac{2}{7} = \frac{5}{7} \Rightarrow$ Gastei $\frac{2}{7}$ e fiquei com $\frac{5}{7}$ do que tinha.

2) Sendo n a importância que eu tinha, temos:

$\frac{5}{7}(n) = 450 \Rightarrow n = 450 : \frac{5}{7} \Rightarrow n = 450 \cdot \left(\frac{7}{5}\right) = 90 \cdot 7 \Rightarrow n = 630$

Resposta: R$ 630,00

Exemplo 9: Se eu tivesse $\frac{2}{5}$ do que tenho, a mais, poderia pagar uma dívida de R$ 713,00 e ainda me sobrariam R$ 127,00. Quanto tenho?

Resolução: 1) $713 + 127 = 840 \Rightarrow 840$ é o que tenho mais de $\frac{2}{5}$ do que tenho.

2) $1 + \frac{2}{5} = \frac{7}{5} \Rightarrow \frac{7}{5}$ do que tenho é 840.

3) Sendo n a importância que tenho, temos:

$\frac{7}{5}(n) = 840 \Rightarrow n = 840 : \frac{7}{5} = 840 \cdot \frac{5}{7} = (120) \cdot 5 \Rightarrow n = 600$

Resposta: R$ 600,00

Exemplo 10: Os $\frac{3}{8}$ mais os $\frac{5}{12}$ de um percurso que fiz em uma viagem são 532 Km. Quantos quilômetros percorri nesta viagem?

Resolução: 1) $\frac{3}{8} + \frac{5}{12} = \frac{9+10}{24} = \frac{19}{24} \Rightarrow \frac{19}{24}$ do que percorri é 532

2) Sendo n o número de Km percorrido, temos:

$\frac{19}{24}(n) = 532 \Rightarrow n = 532 : \frac{19}{24} = 532 \cdot \frac{24}{19} = 28(24) \Rightarrow n = 672$

Resposta: 672 Km

Exemplo 11: Os $\frac{3}{10}$ menos os $\frac{2}{15}$ de uma peça de fazenda são 15 m. Se o metro deste tecido custa R$ 12,00, quanto custa a peça toda?

Resolução: 1) $\frac{3}{10} - \frac{2}{15} = \frac{9-4}{30} = \frac{5}{30} = \frac{1}{6} \Rightarrow \frac{1}{6}$ da peça tem 15 m.

2) Sendo n o comprimento total, temos: $\frac{1}{6}(n) = 15 \Rightarrow n = 90$

3) $90(12) = 1080$

Resposta: R$ 1080,00

---

esp: **101** a) 42% b) 45% c) 6% d) 10% e) 60% f) 75% **102** a) $\frac{3}{4}$ b) $\frac{13}{18}$ c) $\frac{16}{15}$ d) $\frac{5}{8}$ e) $\frac{14}{45}$ f) $\frac{9}{28}$

Exemplo 12: A soma de dois números é 280 e um é $\frac{5}{9}$ do outro. Determinar estes números.

Resolução: 1) $1 + \frac{5}{9} = \frac{14}{9}$ ⇒ $\frac{14}{9}$ do maior é 280

2) Sendo n o maior, temos:
$\frac{14}{9}(n) = 280$ ⇒ $n = 280 : \frac{14}{9}$ ⇒ $n = 280 \cdot \left(\frac{9}{14}\right) = 20 \cdot 9$ ⇒ $n = 180$

3) $280 - 180 = 100$ **Resposta:** 100 e 180

Exemplo 13: Eu já li 200 páginas, que são $\frac{3}{7}$ dos $\frac{5}{6}$ do número de páginas de um livro. Quantas páginas tem este livro?

Resolução: Sendo n o número de páginas deste livro, temos:

$\frac{3}{7}\left(\frac{5}{6}\right)(n) = 200$ ⇒ $\frac{5}{14}(n) = 200$ ⇒ $n = 200 : \frac{5}{14}$ ⇒ $n = 200 \cdot \frac{14}{5}$ ⇒

$n = 40 \cdot 14$ ⇒ $n = 560$ **Resposta:** 560 páginas

Exemplo 14: João vai dividir uma quantia entre 4 sobrinhos. O 1º receberá $\frac{2}{9}$ da quantia, e 2º $\frac{1}{6}$ desta, o 3º $\frac{5}{18}$ desta e o 4º os R$ 90,00 restantes. Qual a quantia que João vai dividir e quanto receberá cada um?

Resolução: 1) $\frac{2}{9} + \frac{1}{6} + \frac{5}{18} = \frac{4+3+5}{18} = \frac{12}{18} = \frac{2}{3}$ ⇒ Os 3 primeiros recebem $\frac{2}{3}$ da quantia

2) $1 - \frac{2}{3} = \frac{1}{3}$ ⇒ 90 é $\frac{1}{3}$ da quantia

3) Sendo n a quantia temos:
$\frac{1}{3}(n) = 90$ ⇒ $n = 270$

4) $\frac{2}{9}(270) = 60$; $\frac{1}{6}(270) = \frac{135}{3} = 45$; $\frac{5}{18}(270) = \frac{5}{18}(270) = \frac{5}{2}(30) = 5(15) = 75$

Resposta: R$ 270,00; 60; 45; 75 e 90 reais.

Exemplo 15: Gastei $\frac{3}{11}$ da importância que portava em uma loja e $\frac{3}{4}$ do resto em outra. Se ainda fquei com R$ 220,00, quantos reais eu portava?

Resolução: 1) Gastei $\frac{3}{11}$ da importância na primeira ⇒ O resto era de $\frac{8}{11}$ da importância.

2) Gastei $\frac{3}{4}\left(\frac{8}{11}\right)$ na segunda ⇒ Gastei $\frac{6}{11}$ da importância na 2ª loja.

3) Gastou $\frac{3}{11} + \frac{6}{11} = \frac{9}{11}$ nas duas lojas ⇒ ficou com $\frac{2}{11}$ da importância.

4) Sendo no que portava, temos: $\frac{2}{11}(n) = 220$ ⇒ $n = 220 : \frac{2}{11} = 220 \cdot \frac{11}{2} = n = 110(11)$ ⇒ $n = 1210$

Resposta: R$ 1210,00

Exemplo 16: José gastou $\frac{3}{13}$ do que possuia e depois de ganhar R$ 320,00, ficou com o dobro do que possuia. Quanto ele possuia?

Resolução: 1) Gastou $\frac{3}{13}$ do que possuia ⇒ ficou com $\frac{10}{13}$ do que possuia.

2) $2 - \frac{10}{13} = \frac{16}{13}$ ⇒ $\frac{16}{13}$ do que possuia é igual a 320.

3) $\frac{16}{13}(n) = 320$ ⇒ $n = 320 : \frac{16}{13} = 320 \cdot \frac{13}{16} = 20(13) = 260$ **Resposta:** R$ 260,00

Exemplo 17: Antônio vai dividir R$ 750,00 entre seu três filhos. O caçula vai receber $\frac{3}{8}$ do que receberá o do meio e este $\frac{4}{7}$ do que receberá o mais velho. Quantos reais receberá cada um?

Resolução: 1) O mais velho receberá 1 parte igual a n.

O do meio receberá $\frac{4}{7}(1) = \frac{4}{7}$, da parte do mais velho = $\frac{4}{7}(n)$.

O caçula receberá $\frac{3}{8}\left(\frac{4}{7}\right) = \frac{3}{14}$ da parte do mais velho = $\frac{3}{14}(n)$.

2) $1 + \frac{4}{7} + \frac{3}{14} = \frac{14+8+3}{14} = \frac{25}{14}$ ⇒ A soma das 3 partes, que é 750, é igual a $\frac{25}{14}$ da parte do mais velho, que é n. Então:

$\frac{25}{14}(n) = 750$ ⇒ $n = 750 : \frac{25}{14}$ ⇒ $n = 750 \cdot \left(\frac{14}{25}\right) = 30 \cdot 14$ ⇒ $\boxed{n = 420}$

3) $\frac{4}{7}(420) = 4 \cdot (60) = 240$ e $\frac{3}{14}(420) = 3(30) = 90$

Resposta: 90 ; 240 e 420 reais

Exemplo 18: Pedro pagou uma dívida de R$ 1332,00 em três parcelas. A 2ª foi igual a 1ª acrescida de seus $\frac{3}{8}$ e a 3ª foi igual a 2ª acrescida de seus $\frac{3}{10}$. Qual o valor de cada parcela?

Resolução: 1) O valor da 1ª é igual a 1 parte, igual a n.

O valor da 2ª é igual a $1 + \frac{3}{8} = \frac{11}{8}$ da 1ª, isto é $\frac{11}{8}(n)$.

O valor da 3ª é $\frac{11}{8} + \frac{3}{10}\left(\frac{11}{8}\right) = \frac{11}{8} + \frac{33}{80} = \frac{110+33}{80} = \frac{143}{80}$ ⇒ $\frac{143}{80}(n)$.

2) $1 + \frac{11}{8} + \frac{143}{80} = \frac{80+110+143}{80} = \frac{333}{80}$ ⇒ A soma das três partes, que é igual a 1332, é igual a $\frac{333}{80}$ da 1ª parcela, que é n. Então:

$\frac{333}{80}(n) = 1332$ ⇒ $n = 1332 : \left(\frac{333}{80}\right) = 1332 \cdot \left(\frac{80}{333}\right) = \frac{444}{1} \cdot \frac{80}{111} = 4(80) = 320$ ⇒ $\boxed{n = 320}$

3) A 2ª parcela é $\frac{11}{8}(n) = \frac{11}{8}(320) = 11 \cdot (40) = 440$

A 3ª parcela é $\frac{143}{80}(n) = \frac{143}{80}(320) = 143 \cdot (4) = 572$

Resposta: 320 ; 440 e 572 reais

Exemplo 19: Duas prestações que deveriam ter valores iguais foram pagas a 1ª com um desconto de $\frac{1}{8}$ do seu valor e a outra com um acréscimo de $\frac{1}{6}$ de seu valor. Sabendo que foram gastos R$ 2450,00 para quitá-las, qual era o valor original de cada prestação?

Resolução: Seja n o valor original de cada parcela.

1) A 1ª prestação foi de $1 - \frac{1}{8} = \frac{7}{8}$ ⇒ $\frac{7}{8}$ do valor n ⇒ $\frac{7}{8}(n)$

2) A 2ª prestação foi de $1 + \frac{1}{6} = \frac{7}{6}$ ⇒ $\frac{7}{6}$ do valor n ⇒ $\frac{7}{6}(n)$

3) $\frac{7}{8} + \frac{7}{6} = \frac{21+28}{24} = \frac{49}{24}$ ⇒ $\frac{49}{24}$ do valor n foram gastos para quitar a dívida.

$\frac{49}{24}(n) = 2450$ ⇒ $n = 2450 : \frac{49}{24}$ ⇒ $n = 2450 \cdot \frac{24}{49}$ ⇒ $n = 50(24)$ ⇒ $n = 1200$

Resposta: R$ 1200,00

103 Determinar:

a) O quíntuplo de 12.	b) Três quintos de 60.	c) Quatro terços de 27.
c) Dois sétimos de $\frac{3}{8}$.	d) Cinco centésimos de 500.	f) Trinta por cento de 450.

104 Determinar o número **n** nos casos:

a) O quíntuplo de n é 35.	b) Três oitavos de n são 15.
c) Três sétimos de n são 24.	d) Quarenta por cento de n é 200.

e) Dois terços de n são oito nonos.

f) Dois terços dos cinco sétimos de n são 20.

g) Vinte e cinco por cento dos quarenta por cento de n é igual a 35.

105 Determinar:

a) Comprei um queijo por R$ 720,00. Quanto teria pago se ele custasse $\frac{7}{9}$ do custou?

b) Quanto economizei ao comprar um blusão de R$ 560,00 por $\frac{5}{8}$ do seu valor?

48

106 Resolver:

a) Comprei um par de sapatos por R$ 340,00, pagando $\frac{17}{20}$ do seu valor. Qual era o valor original desse par?

b) Ao comprar uma bicicleta, paguei $\frac{7}{12}$ do valor de tabela, economizando desta forma R$ 275,00. Qual era o valor de tabela deste objeto?

c) Com $\frac{11}{15}$ do dinheiro que levei para o mercado comprei 15 latas de azeite de R$ 22,00 cada uma. Com quantos reais fiquei?

d) A comprar um televisor por 85% do seu valor, paguei R$ 2380,00. Qual era o valor original do aparelho?

e) Ao pagar uma prestação com atraso, tive que pagar $\frac{1}{12}$ da prestação, como multa. Se o valor da prestação passou para R$ 910,00, qual era o valor original?

107 Resolver:

a) Paguei 12% de multa ao pagar uma conta de condomínio com atraso. Se o valor pago foi de R$ 952,00, quantos reais paguei de multa?

b) Com R$ 180,00 comprei os $\frac{3}{8}$ de uma peça de tecido. Quanto pagaria por $\frac{5}{16}$ desta peça?

c) Gastei $\frac{3}{5}$ da quantia que tinha e fiquei com R$ 150,00. Com quantos reais teria ficado, se tivesse gasto $\frac{13}{15}$ da quantia?

108 Com o dinheiro que possuo posso comprar 15 livros de R$ 45,00 cada e mais 10 livros de R$ 40,00 e ainda fico com R$ 125,00. Se gastar $\frac{3}{8}$ mais $\frac{5}{12}$ do que possuo, com quantos reais ficarei?

109 Resolver:

a) Após gastar $\frac{2}{15}$ mais $\frac{7}{12}$ da quantia que posuia, Cláudio viu que tinha gastado R$ 688,00. Quanto Cláudio possuia?

b) Depois de ler $\frac{5}{12}$ mais $\frac{5}{18}$ das páginas de um livro, Ricardo percebeu que faltava ainda ler 220 páginas para terminá-lo. Quantas páginas tem este livro?

c) Renata tem que resolver $\frac{13}{18}$ dos itens de uma lista para fazer uma prova. Depois de resolver $\frac{5}{27}$ dos itens da lista ela viu que faltavam 290 itens para cumprir a tarefa. Quantos itens tem nesta lista?

d) $\frac{9}{20}$ dos alunos de uma escola tomaram vacina contra gripe. Se $\frac{14}{15}$ dos alunos da escola tinham feito inscrição para tomarem esta vacina e ainda faltam 435 alunos para serem vacinados, quantos alunos tem essa escola?

Resp: **103** a) 60 b) 36 c) 36 d) $\frac{3}{28}$ e) 25 f) 135 **104** a) 7 b) 40 c) 56 d) 500 e) $\frac{4}{3}$ f) 42 g) 350
105 a) R$ 560,00 b) R$ 210,00 **106** a) R$ 400,00 b) R$ 660,00 c) R$ 120,00
d) R$ 2800,00 e) R$ 840,00

51

110 Resolver:

a) Se Paulo tivesse $\frac{3}{13}$ do que tem, a mais do que tem, poderia comprar uma bicicleta por R$ 1200,00 e ainda lhe sobrariam R$ 144,00. Quanto Paulo possui?

b) Se Roberto possuísse mais $\frac{5}{12}$ da quantia que possui, ficariam faltando R$ 424,00 para ele pagar uma dívida de R$ 2260,00. Quanto possui Roberto.

111 Resolver:

a) A soma de dois números é 682 e um é $\frac{3}{8}$ do outro. Quais são eles?

b) Pedro tem $\frac{5}{9}$ da quantia de Paulo e Paulo tem R$ 120,00 a mais que Pedro. Quanto tem cada um?

112 Resolver:

a) Os $\frac{2}{5}$ dos $\frac{3}{4}$ dos alunos de uma escola são 225 alunos. Quantos alunos tem esta escola?

b) Uma construtora já asfaltou 40 Km de uma estrada, que são $\frac{2}{3}$ dos $\frac{5}{6}$ da metade do total de quilômetros a serem asfaltados. Quantos quilômetros faltam ser asfaltados?

c) Com a metade dos $\frac{3}{5}$ dos $\frac{5}{7}$ da quantia que Ana possui, ela pode comprar uma estante de R$ 920,00, um telefone de R$ 1600,00 e ainda lhe sobram R$ 120,00. Quanto Ana possui?

113 Rogério vai dividir uma quantia entre seus três filhos. O 1º vai receber $\frac{3}{8}$ dela, o 2º $\frac{3}{10}$ dela e o 3º os R$ 780,00 restantes. Qual é a quantia e quanto receberá o 1º e quanto receberá o 2º?

Resp: **107** a) R$ 102,00 b) R$ 150,00 c) R$ 50,00 **108** R$ 250,00
109 a) R$ 960,00 b) 720 páginas c) 540 itens d) 900 alunos

114 Resolver:

a) Ricardo gastou $\frac{3}{8}$ do que levava no bolso em um mercado, $\frac{2}{7}$ do resto em um posto de gasolina e ainda ficou com R$ 250,00 no bolso. Qual a quantia que ele tinha inicialmente?

b) Mônica deu $\frac{2}{9}$ do que possuia a uma amiga, gastou $\frac{2}{7}$ do resto em uma loja e com o que sobrou comprou 5 livros de R$ 82,00 cada um. Quanto Mônica possuia inicialmente?

c) Mateus fez uma viagem em 3 dias. No 1º dia percorreu $\frac{5}{12}$ do percurso, no 2º dia percorreu $\frac{3}{8}$ do resto e no 3º dia os 455 quilômetros restantes. Quantos quilômetros ela percorreu no 1º dia?

115 Resolver:

a) Raimundo deu $\frac{9}{14}$ do que tinha em caixa para seu irmão e depois de faturar mais R$ 330,00, ficou com $\frac{8}{7}$ do que tinha inicialmente. Quanto tinha inicialmente em caixa?

b) Francisco perdeu $\frac{2}{5}$ da quantia que possuia e após ganhar R$ 560,00, ficou com o dobro do que possuia. Quanto ele tinha inicialmente?

c) Gastei $\frac{2}{7}$ do que tinha em uma loja e $\frac{1}{5}$ do resto em outra. Após ganhar R$ 3400,00 do meu avô, fiquei com o triplo do que tinha inicialmente. Quanto gastei na primeira loja?

Resp: **110** a) R$ 1092,00   b) R$ 1296,00   **111** a) 186 e 496   b) Pedro: R$ 150, Paulo: R$ 270,00
112 a) 750 alunos   b) 104 km   c) R$ 12320,00   **113** R$ 2400,00, (1º): R$ 900,00 (2º) : R$ 720,00

116 Resolver:

a) Tio Paulo dividiu 405 figurinhas entre três sobrinhos. O 1º recebeu $\frac{5}{12}$ do 2º e este $\frac{3}{7}$ do 3º. Quantas recebeu cada um?

b) Carlos dividiu a importância de R$ 2910,00 entre três operários. O 1º recebeu a parte do 2º acrescida de seus $\frac{5}{24}$, o 3º recebeu a parte do 1º acrescida dos seus $\frac{8}{9}$. Quanto recebeu cada um?

c) Dois quadros de valores iguais foram vendidos, o 1º com prejuízo de $\frac{2}{9}$ do seu valor e o 2º com lucro de $\frac{5}{12}$ de seu valor. Se o valor total da venda foi de R$ 2370,00, qual o preço original de cada quadro?

4 – Frações decimais e números decimais

1) Introdução

Frações decimais são as frações com numerador e denominador sendo números naturais, denominador diferente de 1 e potência de 10 com expoente natural.

Potências de 10: $10^0 = 1$, $10^1 = 10$, $10^2 = 100$, $10^3 = 1000$, $10^4 = 10\,000$, etc

Exemplos de frações decimais:

$$\frac{3}{10}, \frac{5}{10}, \frac{13}{100}, \frac{5}{1000}, \frac{131}{10\,000}, \text{etc}$$

Números decimais: Toda fração decimal pode ser escrita na forma de número decimal. Para isto utilizamos uma vírgula, de modo que à esquerda da vírgula colocamos as unidades, dezenas, etc e a direita colocamos os décimos, centésimos, milésimos, etc.

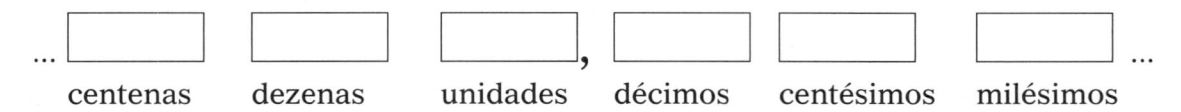

... ☐ ☐ ☐ , ☐ ☐ ☐ ...
centenas dezenas unidades décimos centésimos milésimos

Depois dos milésimos vem décimos de milésimos, os centésimos de milésimos, etc.

Leitura de um número decimal. Exemplos:

1) 0,7 sete décimos,   0,07 sete centésimos,   0,007 sete milésimos

2) 0,0007 sete décimos de milésimos.

3) 0,23 dois décimos e três centésimos. É melhor: vinte e três centésimos.

4) 0,023 dois centésimos e três milésimos. E melhor: vinte e três milésimos.

5) 1,375 um inteiro, três décimos, sete centésimos e cinco milésimos.

6) 37,42 três dezenas, sete inteiros, quatro décimos e dois centésimos.

7) 5,6 cinco inteiro e seis décimos ou cinquenta e seis décimos.

Este segundo modo é usado mais para fração decimal $\frac{56}{10}$.

Transformação de fração decimal em número decimal

Escrevemos o numerador e o expoente de 10 do denominador (número de zeros) deve ser o número de casas depois da vírgula.

Exemplos:

1) $\frac{378}{10} = 37,8$ $\frac{378}{100} = 3,78$ $\frac{378}{1000} = 0,378$ $\frac{378}{10\,000} = 0,0378$

2) $\frac{7}{100} = 0,07$ $\frac{7}{10} = 0,7$ $\frac{8}{1000} = 0,008$ $\frac{174}{10} = 17,4$

3) $\frac{18}{1000} = 0,018$ $\frac{1741}{10} = 174,1$ $\frac{73}{100\,000} = 0,00073$

Resp: **114** a) R$ 560,00   b) R$ 738,00   c) 520 km   **115** a) R$ 420,00   b) R$ 400,00   c) R$ 400,00

Transformação de número decimal em fração decimal

No numerador colocamos o número dado sem a vírgula e no denominador colocamos 10, 100, 1000, etc, conforme haja, respectivamente, 1, 2 ou 3 "casas" depois da vírgula.

Exemplos:

1) $17,8 = \dfrac{178}{10}$, $\quad 1,78 = \dfrac{178}{100} \quad\quad 0,0178 = \dfrac{178}{10\,000}$

2) $0,005 = \dfrac{5}{1000}$, $\quad 1,03 = \dfrac{103}{100} \quad\quad 0,0402 = \dfrac{402}{10\,000}$

117 Se for fração decimal, classificar com (S) e se não for, com (N), a fração, nos casos

a) $\dfrac{5}{3}$ ( )	b) $\dfrac{3}{5}$ ( )	c) $\dfrac{7}{10}$ ( )	d) $\dfrac{8}{1000}$ ( )
e) $\dfrac{5}{10^4}$ ( )	f) $\dfrac{3}{10^5}$ ( )	g) $\dfrac{8}{15}$ ( )	h) $\dfrac{17}{10}$ ( )

118 Apenas fração na forma irredutível, cujo denominador tenha apenas fatores 2 e 5 pode ser transformada em fração decimal. Para isto basta multiplicar o denominador por 2, 4, 8, 5, 25, 125, etc, conforme for o caso. Transformar em fração decimal a fração dada, nos casos:

a) $\dfrac{2}{5} =$	b) $\dfrac{3}{2} =$	c) $\dfrac{3}{20} =$
d) $\dfrac{7}{25} =$	e) $\dfrac{3}{4} =$	f) $\dfrac{7}{125} =$
g) $\dfrac{36}{45} =$	h) $\dfrac{17}{34} =$	
i) $\dfrac{49}{140} =$	j) $\dfrac{30}{375} =$	

119 Considerar o número 3756,8942 e completar:

a) _____ é o algarismo da ordem das centenas

b) _____ é o algarismo da ordem dos centésimos

c) _____ é o algarismo da ordem das unidades de milhares

d) _____ é o algarismo da ordem das unidades

e) _____ é o algarismo da ordem dos décimos

f) _____ é o algarismo da ordem das dezenas

g) _____ é o algarismo da ordem dos milésimos

h) _____ é o algarismo da ordem dos décimos de milésimos

120 Em cada caso é dado um número, dizer qual é a ordem do algarismo grifado.

a) 5,7<u>4</u>2

b) 7,12<u>4</u>

c) 2<u>3</u>5,2

d) 3,<u>4</u>51

e) 712,1<u>9</u>

f) 13,285<u>7</u>

g) <u>2</u>00,31

h) 0,00<u>0</u>5

121 Escrever como se lê os seguintes números decimais:

a) 0,5

b) 0,05

c) 0,009

d) 0,45

e) 1,3

f) 3,02

g) 0,348

h) 3,4219

i) 0,00325

122 Escrever na forma de número decimal os seguintes números:

a) 35 centésimos:

b) 2 inteiros e 3 décimos:

c) 513 milésimos:

d) 35 milésimos:

e) 2 inteiros e 5 décimos de milésimos:

f) 12 inteiros e 3437 milionésimo:

g) 13 décimos de milionésimos:

123 Transformar em números decimais as seguintes frações decimais:

a) $\dfrac{7}{10} =$

b) $\dfrac{23}{10} =$

c) $\dfrac{23}{100} =$

d) $\dfrac{17}{10} =$

e) $\dfrac{431}{1000} =$

f) $\dfrac{243}{10000} =$

g) $\dfrac{17}{100} =$

h) $\dfrac{17}{1000} =$

i) $\dfrac{17}{10000} =$

j) $\dfrac{3}{1000} =$

k) $\dfrac{113}{10} =$

l) $\dfrac{113}{100} =$

m) $\dfrac{113}{1000} =$

n) $\dfrac{45}{1000} =$

o) $\dfrac{1005}{100} =$

Resp: **116** a) 1º recebeu 45, o 2º 108 e o 3º 252 figurinhas   b) 1º recebeu R$ 783,00 o 2º recebeu R$ 648,00 e o 3º R$ 1479,00
c) R$ 1080,00

124 Transformar em fração decimal e, em seguida, em número decimal:

a) $\dfrac{3}{5} =$

b) $\dfrac{18}{25} =$

c) $\dfrac{13}{20} =$

d) $\dfrac{3}{4} =$

e) $\dfrac{3}{125} =$

f) $\dfrac{3}{8} =$

125 Transformar em fração decimal e, em seguida, em número decimal:

a) $\dfrac{51}{34} =$

b) $\dfrac{24}{40} =$

c) $\dfrac{65}{52} =$

d) $\dfrac{17}{340} =$

e) $\dfrac{18}{225} =$

f) $\dfrac{21}{875} =$

126 Transformar em fração decimal o número decimal dado, nos casos

a) $0,31 =$

b) $0,07 =$

c) $0,315 =$

d) $0,3 =$

e) $1,32 =$

f) $2,345 =$

127 Transformar em fração ordinária (do tipo $\dfrac{a}{b}$) irredutível os números decimais:

a) $0,25 =$

b) $0,75 =$

c) $0,125 =$

d) $0,52 =$

e) $0,028 =$

f) $0,025 =$

g) $1,250 =$

h) $1,2500 =$

128 Completar com < (menor), > (maior) ou = (igual), para obter uma sentença verdadeira, nos casos:

a) 2,413 _____ 24,03

b) 2,317 _____ 2,327

c) 1,348 _____ 1,438

d) 2,340 _____ 2,3400

e) 1,100 _____ 1,10000

f) 31,23 _____ 3,213

g) 4,003 _____ 4,0003

h) 3,141 _____ 3,1416

i) 70,004 _____ 7,4000

j) 0,0413 _____ 0,0431

k) 0,041 _____ 0,0410

l) 0,0003 _____ 0,0002

129 Transformar em fração ordinária, irredutível, as seguintes porcentagens:

a) 50% =

b) 20% =

c) 15% =

d) 75% =

e) 35% =

f) 125% =

130 Transformar em número decimal as porcentagens seguintes:

a) 35% =

b) 40% =

c) 7% =

d) 126% =

e) 2% =

f) 112% =

131 Transformar os seguintes números decimais em porcentagens:

a) 0,25 =

b) 0,4 =

c) 0,05 =

d) 1,35 =

e) 0,04 =

f) 0,7 =

132 Determinar o que se pede:

a) $\frac{2}{3}$ de 24

b) 25% de 44

c) $\frac{2}{3}$ de 51

d) 0,2 de 30

e) 0,25 de 32

f) 1,2 de 25

133 Determinar o número n, nos casos:

a) $\frac{2}{3}$ de n é igual a 20

b) 15% de n é igual a 45

c) 0,3 de n é igual a 27

d) 0,25 de n é igual a 30

e) 1,5 de n é igual a 27

f) 1,2 de n é igual a 0,18

Resp: **117** a) N b) N c) S d) S e) S f) S g) N h) S **118** a) $\frac{4}{10}$ b) $\frac{15}{10}$ c) $\frac{15}{100}$ d) $\frac{28}{100}$ e) $\frac{75}{100}$ f) $\frac{56}{1000}$ g) $\frac{8}{10}$ h) $\frac{5}{10}$ i) $\frac{35}{100}$ j) $\frac{8}{100}$ **119** a) 7 b) 9 c) 3 d) 6 e) 8 f) 5 g) 4 h) 2 **120** a) dos centésimos b) dos milésimos c) das dezenas d) dos décimos e) dos centésimos f) dos décimos de milésimos g) das centenas h) dos milésimos **121** a) cinco décimos b) cinco centésimos c) nove milésimos d) quarenta e cinco centésimos e) um inteiro e três décimos f) três inteiros e dois centésimos g) Trezentos e quarenta e oito milésimos h) Três inteiros e quatro mil, duzentos e dezenove décimos de milésimos i) Trezentos e vinte e cinco centésimos de milésimos **122** a) 0,35 b) 2,3 c) 0,513 d) 0,035 e) 2,0005 f) 12,003437 g) 0,0000013 **123** a) 0,7 b) 2,3 c) 0,23 d) 1,7 e) 0,431 f) 0,0243 g) 0,17 h) 0,017 i) 0,0017 j) 0,003 k) 11,3 l) 1,13 m) 0,113 n) 0,045 o) 10,05

2) Operações com números decimais

Multiplicação por 10, 100, 1000, ...

Deslocar a vírgula uma casa, duas casas, três casas, ... para a direita conforme o número for multiplicado, respectivamente, por 10, 100, 1000, etc.

Exemplos:

1) $1,34 \cdot 10 = \dfrac{134}{100} \cdot 10 = \dfrac{134}{10} = 13,4$

2) $0,5731 \cdot 100 = 57,31$; $0,0132 \cdot 1000 = 13,2$; $0,7 \cdot 100 = 70$

Divisão por 10, 100, 1000, ...

Deslocar a vírgula uma casa, duas casas, três casas, ... para a esquerda conforme o número for dividido, respectivamente, por 10, 100, 1000, etc.

Exemplos:

1) $32,4 : 10 = \dfrac{324}{10} \cdot \dfrac{1}{10} = \dfrac{324}{100} = 3,24$

2) $342,3 : 100 = 3,423$; $0,3 : 10 = 0,03$; $13,2 : 10000 = 0,00132$

134 Obter o resultado das multiplicações seguintes:

a) $4,51 \cdot 10 =$	b) $0,328 \cdot 10 =$	c) $0,35 \cdot 10 =$
d) $0,035 \cdot 10 =$	e) $1,325 \cdot 100 =$	f) $0,0314 \cdot 100 =$
g) $3,1415 \cdot 1000 =$	h) $0,0041 \cdot 1000 =$	i) $13,4 \cdot 10 =$
j) $3,21 \cdot 100 =$	k) $4,141 \cdot 1000 =$	l) $0,0025 \cdot 10000 =$

135 Obter o resultado das seguintes divisões:

a) $42,3 : 10 =$	b) $54,3 : 10 =$	c) $724,5 : 100 =$
d) $1205,1 : 1000 =$	e) $421,8 : 10 =$	f) $421,8 : 100 =$
g) $421,8 : 1000 =$	h) $421,8 : 10000 =$	i) $0,5 : 10 =$
j) $0,8 : 100 =$	k) $0,7 : 1000 =$	l) $0,07 : 10 =$

136 Determinar o resultado das seguintes divisões:

a) $342 : 10 =$	b) $342 : 100 =$	c) $342 : 1000 =$
d) $43 : 10 =$	e) $43 : 100 =$	f) $43 : 1000 =$
g) $5 : 10 =$	h) $5 : 100 =$	i) $5 : 1000 =$
j) $1 : 10 =$	k) $1 : 100 =$	l) $1 : 1000 =$

137 Determinar:

a) $34,21 \cdot 10 =$	b) $34,21 : 10 =$	c) $123,4 : 100 =$
d) $123,4 \cdot 100 =$	e) $3,23 : 10 =$	f) $3,23 \cdot 100 =$
g) $4,2 \cdot 10 =$	h) $4,2 : 10 =$	i) $4,5 : 100 =$
j) $4,5 \cdot 100 =$	k) $0,03 \cdot 10 =$	l) $0,03 : 10 =$
m) $2 \cdot 10 =$	n) $2 : 10 =$	o) $7 \cdot 100 =$
p) $7 : 100 =$	q) $51 \cdot 1000 =$	r) $51 : 1000 =$
s) $6 : 100 =$	t) $6 : 1000 =$	u) $347 : 1000 =$

138 Determinar os números a e b e em seguida comparar a com b (a < b, a = b ou a > b), nos casos:

a) $a = 7000 \div 100 =$, $b = 7 \times 100 =$, $a \_\_\_ b$

b) $a = 647,1 \div 100 =$, $b = 0,746 \times 10 =$

c) $a = 0,0314 \times 100 =$, $b = 314 \div 100 =$

d) $a = 6,349 \times 100 =$, $b = 6348 \div 10 =$

e) $a = 314,2 \div 1000 =$, $b = 0,000231 \times 1000 =$

Adição

Para fazermos a adição de números decimais "armamos" o dispositivo com vírgula embaixo de vírgula, isto é, somamos dezenas com dezenas, unidades com unidades, décimos com décimos, ...

Exemplos:

1) $\boxed{2,34 + 8,41}$
   2,34
   8,41
   ─────
   10,75

2) $\boxed{31,4 + 8,52}$
   31,4
   8,52
   ─────
   39,92

3) $\boxed{12,17 + 28,83}$
   12,17
   28,83
   ─────
   41,00 = 41

139 Determinar os resultados das seguintes adições:

a) 47,23
   + 4,52

b) 2,231
   + 19,49

c) 5,73
   +19,17

d) 7,425
   + 9,375

e) 34,6
   + 7,5

Resp: **124** a) 0,6 b) 0,72 c) 0,65 d) 0,75 e) 0,024 f) 0,375 **125** a) 1,5 b) 0,6 c) 1,25 d) 0,05 e) 0,08 f) 0,024
126 a) $\frac{31}{100}$ b) $\frac{7}{100}$ c) $\frac{315}{1000}$ d) $\frac{3}{10}$ e) $\frac{132}{100}$ f) $\frac{2345}{1000}$ **127** a) $\frac{1}{4}$ b) $\frac{3}{4}$ c) $\frac{1}{8}$ d) $\frac{13}{25}$ e) $\frac{7}{250}$ f) $\frac{1}{40}$
g) $\frac{5}{4}$ h) $\frac{5}{4}$ **128** a) < b) < c) < d) = e) = f) > g) > h) < i) > j) <
k) = l) > **129** a) $\frac{1}{2}$ b) $\frac{1}{5}$ c) $\frac{3}{20}$ d) $\frac{3}{4}$ e) $\frac{7}{20}$ f) $\frac{5}{4}$ **130** a) 0,35 b) 0,4
c) 0,07 d) 1,26 e) 0,02 f) 1,12 **131** a) 25% b) 40% c) 5% d) 135% e) 4% f) 70%
132 a) 16 b) 11 c) 34 d) 6 e) 8 f) 30 **133** a) 30 b) 300 c) 90 d) 120 e) 18 f) 0,15

140 Determinar as seguintes somas:

a) 3,42 + 7,27

b) 2,56 + 5,7

c) 4,27 + 8,25

d) 3,489 + 0,678

e) 2,9142 + 0,0458

f) 0,07 + 1,93

g) 0,05 + 2,1

h) 14,3 + 0,07

i) 5,09 + 0,91

j) 30,97 + 7,05

k) 0,045 + 0,055

l) 0,275 + 0,725

m) 2,729 + 0,475

n) 3,458 + 1,899

o) 34,32 + 5,68

p) 3,28 + 117,52

141 Determinar as seguintes somas:

a)
```
   1,742
   4,56
   0,527
  _____
```

b)
```
   0,528
   2,937
   1,065
  _____
```

c)
```
   7,095
  12,872
   9,986
  _____
```

d)
```
   4,561
  13,243
   0,296
  _____
```

Subtração

Para fazermos a subtração de números decimais "armamos" o dispositivo com vírgula embaixo e vírgula, isto é, subtraímos dezenas de dezenas, unidades de unidades, décimos de décimos, ...

Exemplos:

1) $\boxed{5,748 - 1,516}$
```
   5,748
 - 1,235
  _____
   4,513
```

2) $\boxed{84,75 - 6,51}$
```
  84,75
 - 6,51
  _____
  78,24
```

3) $\boxed{8,7 - 3,8}$
```
   8,7
 - 3,8
  _____
   4,9
```

142 Determinar os resultados das seguintes subtrações:

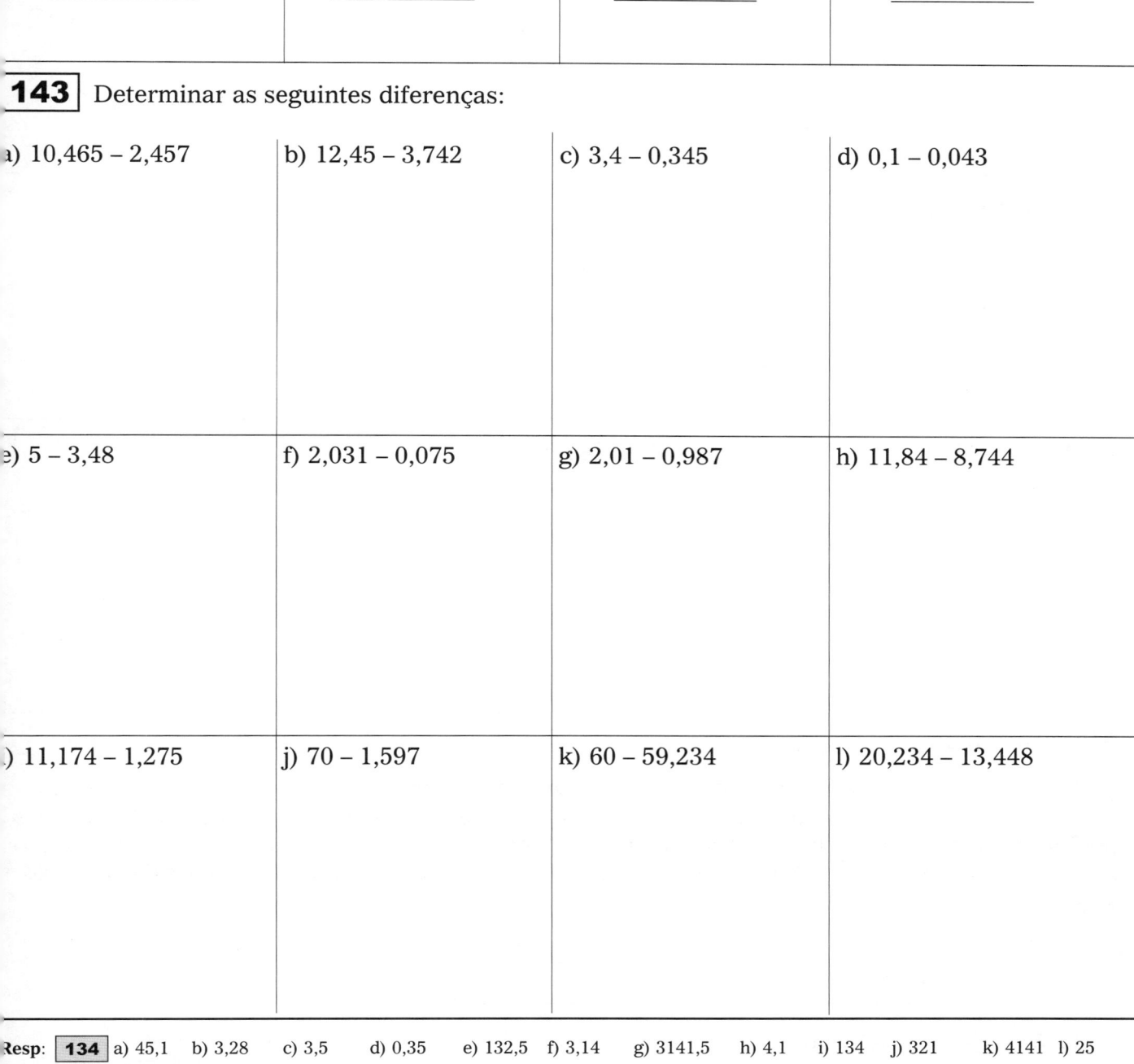

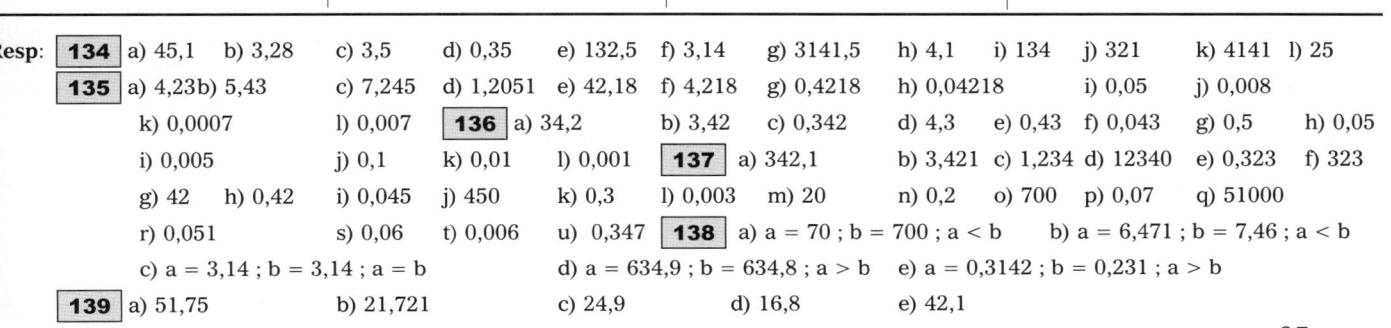

a)
```
   45,58
 − 28,32
 ───────
```

b)
```
   53,64
 − 26,26
 ───────
```

c)
```
   7,625
 − 3,817
 ───────
```

d)
```
   3,574
 − 0,287
 ───────
```

e)
```
   8,242
 − 4,365
 ───────
```

f)
```
   9,342
 − 3,537
 ───────
```

g)
```
   3,02
 − 1,585
 ───────
```

h)
```
   5
 − 2,901
 ───────
```

143 Determinar as seguintes diferenças:

a) 10,465 − 2,457   b) 12,45 − 3,742   c) 3,4 − 0,345   d) 0,1 − 0,043

e) 5 − 3,48   f) 2,031 − 0,075   g) 2,01 − 0,987   h) 11,84 − 8,744

i) 11,174 − 1,275   j) 70 − 1,597   k) 60 − 59,234   l) 20,234 − 13,448

Resp: **134** a) 45,1 b) 3,28 c) 3,5 d) 0,35 e) 132,5 f) 3,14 g) 3141,5 h) 4,1 i) 134 j) 321 k) 4141 l) 25
135 a) 4,23 b) 5,43 c) 7,245 d) 1,2051 e) 42,18 f) 4,218 g) 0,4218 h) 0,04218 i) 0,05 j) 0,008
k) 0,0007 l) 0,007 **136** a) 34,2 b) 3,42 c) 0,342 d) 4,3 e) 0,43 f) 0,043 g) 0,5 h) 0,05
i) 0,005 j) 0,1 k) 0,01 l) 0,001 **137** a) 342,1 b) 3,421 c) 1,234 d) 12340 e) 0,323 f) 323
g) 42 h) 0,42 i) 0,045 j) 450 k) 0,3 l) 0,003 m) 20 n) 0,2 o) 700 p) 0,07 q) 51000
r) 0,051 s) 0,06 t) 0,006 u) 0,347 **138** a) a = 70 ; b = 700 ; a < b   b) a = 6,471 ; b = 7,46 ; a < b
c) a = 3,14 ; b = 3,14 ; a = b   d) a = 634,9 ; b = 634,8 ; a > b   e) a = 0,3142 ; b = 0,231 ; a > b
139 a) 51,75   b) 21,721   c) 24,9   d) 16,8   e) 42,1

144 Determinar os resultados das seguintes expressões:

a) (2,432 − 1,54) + (3,201 − 2,984)

b) (8,346 − 2,557) − (5,222 − 2,345)

c) (9,3 − 4,583) − (3,1 − 2,342)

d) (2,142 + 8,573 + 0,516) − (1,256 + 2,435 + 3,896)

Multiplicação

Multiplicamos os fatores por potências de bases 10 convenientes para obtermos números inteiros e multiplicamos os números inteiros obtidos. Em seguida dividimos o número obtido pelas potências de 10 multiplicadas anteriormente, obtendo o produto desejado. Isto significa que o produto tem o número de casas depois da vírgula igual à soma dos números de casas dos fatores.

Exemplos:

1) $2,25 \times 1,5 =$
   $= (225 \times 15) \div 1000$

```
   225          3375 ÷ 1000 =
  × 15          = 3,375
  ----
  1125
   225
  ----
  3375
```

2) $34,5 \times 0,4 =$
   $= (345 \times 4) \div 100$

```
   345          1380 ÷ 100 =
  ×  4          = 13,80 = 13,8
  ----
  1380
```

145 Determinar o resultado das seguintes multiplicações:

a) $3,45 \times 2,5$

b) $2,03 \times 3,4$

c) $0,275 \times 2,4$

d) $175,8 \times 0,45$

e) $0,075 \times 239,4$

f) $0,085 \times 398$

146 Simplificar as seguintes expressões:

a) $(8,42 \times 1,5) - (0,27 \times 27,5)$

b) $7,6 \times 52,8 - 757,2 \times 0,48$

c) $7,43 \times 0,68 - 0,89 \times 2,45$

Resp: **140** a) 10,69　b) 8,26　c) 12,52　d) 4,167　e) 2,96　f) 2　g) 2,15　h) 14,37　i) 6　j) 38,02　k) 0,1　l) 1　m) 3,204　n) 5,357　o) 40　p) 120,8　**141** a) 6,829　b) 4,530　c) 29,953　d) 18,1　**142** a) 17,26　b) 27,38　c) 3,808　d) 3,287　e) 3,877　f) 5,805　g) 1,435　h) 2,099　**143** a) 8,008　b) 8,708　c) 3,055　d) 0,057　e) 1,52　f) 1,956　g) 1,023　h) 3,096　i) 9,899　j) 68,403　k) 0,766　l) 6,786

Divisão de dois naturais com resultado igual a decimal exato

Exemplos:

1) 125 ÷ 4

```
125  | 4
 05    31,25
 10
  20
   0
```

2) 16 ÷ 25

```
16   | 25
160    0,64
100
  0
```

147 Efetuar as seguintes divisões

a) 75 ÷ 2

b) 9 ÷ 4

c) 3 ÷ 4

d) 7 ÷ 8

e) 92 ÷ 25

f) 13 ÷ 25

g) 13 ÷ 16

h) 3 ÷ 16

i) 17 ÷ 16

Divisão por um número natural

Multiplicamos o número decimal por uma potência conveniente de base 10 para obtermos um número inteiro. Dividimos este número inteiro pelo natural em questão e dividimos o resultado obtido pela potência de 10 multiplicada anteriormente.

Exemplos:

1) 5,85 ÷ 5

(585 ÷ 5) ÷ 100

```
585  | 5
 08    117
 35
  0
```

117 ÷ 100 = 1,17

2) 15,61 ÷ 7

(1561 ÷ 7) ÷ 100

```
1561 | 7
  16   223
  21
   0
```

223 ÷ 100 = 2,23

148 Efetuar as seguintes divisões:

a) $17,15 \div 5$

b) $319,2 \div 7$

c) $137,5 \div 2$

d) $7,27 \div 5$

e) $34,7 \div 4$

f) $18,69 \div 4$

Divisão

Multiplicamos o dividendo e o divisor por uma mesma potência de base 10, convenientemente escolhida, de modo que os produtos obtidos sejam naturais. Fazemos a divisão dos números obtidos, o resultado obtido é o resultado da divisão dada.

Obs.: Este procedimento significa "igualar as casas depois da vírgula".

Exemplos:

$10,84 \div 0,5$

Multiplicando ambos por 100, obtemos: $1084 \div 50$. Basta agora efetuar esta divisão de 1084 por 50.

```
1084  | 50
  84    21,68
  340
   400
     0
```

Outro modo: Multiplicando apenas por 10, caímos no caso da divisão de decimal por natural já vista:

$10,84 \div 0,5 = 108,4 \div 5 = (1084 \div 5) \div 10$

```
1084  | 5
  08    216,8
   34
    40
     0
```

$216,8 \div 10 = \boxed{21,68}$

Resp: **144** a) $0,892 + 0,217 = 1,109$ b) $5,789 - 2,877 = 2,912$ c) $4,717 - 0,758 = 3,959$ d) $11,231 - 7,587 = 3,644$

145 a) 8,625 b) 6,902 c) 0,66 d) 79,11 e) 17,955 f) 33,83 **146** a) $12,63 - 7,425 = 5,205$

b) $401,28 - 363,456 = 37,824$ c) $5,0524 - 2,1805 = 2,8719$

149 Efetuar as seguintes divisões:

a) 4,37 ÷ 0,2

b) 3,431 ÷ 0,05

c) 1,652 ÷ 0,4

d) 7,953 ÷ 1,1

150 Efetuar:

a) 87,01 ÷ 0,07

b) 2,916 ÷ 0,012

c) 417,12 ÷ 0,11

151 Escrever o resultado de:

a) 24 ÷ 8 =	2,4 ÷ 0,8 =	0,24 ÷ 0,08 =
b) 72 ÷ 9 =	7,2 ÷ 0,9 =	0,072 ÷ 0,009 =
c) 56 ÷ 8 =	0,56 ÷ 0,08 =	5,6 ÷ 0,8 =
d) 63 ÷ 7 =	0,063 ÷ 0,007 =	0,63 ÷ 0,07 =
e) 4,8 ÷ 0,6 =	0,35 ÷ 0,05 =	0,028 ÷ 0,004 =
f) 5,4 ÷ 0,9 =	0,42 ÷ 0,06 =	0,81 ÷ 0,09 =
g) 240 ÷ 3 =	24 ÷ 0,3 =	2,4 ÷ 0,03 =
h) 630 ÷ 9 =	63 ÷ 0,9 =	6,3 ÷ 0,09 =
i) 56 ÷ 0,7 =	5,4 ÷ 0,06 =;	0,64 ÷ 0,008 =

152 Simplificar as seguintes expressões:

a) $(1,635 \div 0,4) - (2,1875 \div 0,7)$

b) $2,4122 \div 0,04 - 58,3231 \div 1,1$

c) $0,10813 \div 0,04 - 0,015287 \div 0,008$

Resp: **147** a) 37,5 b) 2,25 c) 0,75 d) 0,875 e) 3,68 f) 0,52 g) 0,8125 h) 0,1875 i) 1,0625
148 a) 3,43 b) 45,6 c) 68,75 d) 1,454 e) 8,675 f) 4,6725

153 Simplificar as seguintes expressões:

a) $0{,}841 \times 4{,}3 - 0{,}147 \div 0{,}4$
b) $2{,}431 \div 0{,}8 - 0{,}58 \times 3{,}79$
c) $[(5{,}203 \div 0{,}5) \div 1{,}1] \div 0{,}08$

154 Resolver:

a) Katia comprou uma bolsa por R$ 1484,00. Quanto ela teria pago se ela custasse $\frac{5}{7}$ do seu valor?

b) Quanto Mário pagaria por um relógio de R$ 1296,00 se conseguisse um desconto de $\frac{1}{6}$ do valor do relógio?

c) João comprou uma máquina de lavar por 80% do seu valor de tabela que era de R$ 1200,00. Quanto João pagou por ela?

d) Sérgio obteve um desconto de 15% na compra de um tênis de R$ 560,00. Quanto ele pagou por ele?

e) Francisco pagou 1,12 do valor de uma conta, ao pagá-la com atraso. Se a conta era de R$ 1300,00 qual o valor da multa?

155 Resolver:

a) Os $\frac{3}{8}$ da quantia que Fernando possui na carteira são R$ 135,00. Quanto ele possui na carteira?

b) Joana comprou um livro por $\frac{7}{9}$ do valor de capa e pagou R$ 56,00 por ele. Qual foi o valor do desconto?

c) Lucas comprou um forno por 85% do valor anunciado e pagou R$ 1190,00 por ele. Qual era o valor anunciado?

d) Rafael pagou por um queijo, 70% do seu preço de etiqueta. O desconto foi de R$ 252,00. Qual era o preço de etiqueta?

e) Ao pagar uma prestação com atraso, paguei 12% de multa e desembolsei R$ 952,00. Qual era o valor da prestação?

f) Ao terminar um trabalho antes do prazo João recebeu 110% do valor combinado e acabou recebendo R$ 1595,00. Qual era o valor combinado?

g) João está reformando uma casa e já recebeu 0,64 do valor combinado. Se falta receber R$ 4320,00 quanto ele cobrou pela reforma?

156 Resolver:

a) Dois quintos dos operários de uma fábrica têm mais de 60 anos. Se 100 é o número desses operários e $\frac{3}{10}$ dos operários tem menos de 30 anos, quantos são estes?

b) Paguei por $\frac{3}{4}$ de uma peça de tecido, R$ 930,00. Quanto pagaria por $\frac{2}{5}$ desta peça?

c) João doou $\frac{3}{32}$ dos frangos de sua granja para uma instituição e vendeu $\frac{7}{15}$ do resto por R$ 12,00 a cabeça. Se ele doou 90 frangos, quanto apurou nessa venda?

d) José gastou $\frac{5}{12}$ do que tinha em uma loja e $\frac{3}{8}$ em outra. Se ele ficou com R$ 100,00, quanto ele tinha inicialmente?

e) Ari dividiu uma quantia entre 3 filhos, o 1º recebeu $\frac{1}{6}$ desta quantia, o 2º recebeu $\frac{5}{9}$ desta e o 3º recebeu os R$ 200,00 restantes. Qual a quantia dividida?

f) Junior gastou 40% do que tinha em uma loja, 25% em outra e com o restante comprou 5 livros de R$ 63,00 cada. Quanto Junior tinha inicialmente?

g) Eduardo fez 0,12 de uma cerca em um dia, 0,2 desta em outro e os 408 m restantes na semana seguinte. Quantos metros ele fez no total?

157 Resolver:

a) Se o pai de João der para ele $\frac{2}{5}$ do que ele já tem, João ficará com R$ 420,00. Quanto ele já possuia?

b) Se eu ganhasse $\frac{3}{4}$ e mais $\frac{5}{6}$, do que tenho, eu ficaria com R$ 1333,00. Quanto eu tinha inicialmente?

c) Se Cláudio tivesse 25% a mais do que tem, ele poderia comprar um fogão de R$ 2700,00 e ainda lhe sobrariam R$ 300,00. Quanto tinha?

d) Se eu tivesse 0,14 a mais do que tenho, ainda me faltariam R$ 231,00 para que eu pudesse comprar uma bicicleta de R$ 1770,00. Quanto possuo?

158 Resolver:

a) Lucas possui $\frac{4}{5}$ do que possui Fernando. Se junto eles têm R$ 3429,00, quanto possui Fernando?

b) Flávio possui $\frac{7}{15}$ do que possui Nelson. Se a diferença das partes é R$ 1680,00, quanto possui Flávio?

c) Leo possui uma quantia 8% maior que a de Tim. Se juntos eles têm R$ 1532,00 quanto tem Leo?

d) Sérgio tem uma quantia 0,15 maior do que a quantia de Tânia. Se a diferença das quantias deles é R$ 126,00, quanto tem Sérgio?

159 Resolver:

a) Com $\frac{8}{15}$ dos $\frac{3}{4}$ do que tinha, Alberto comprou um quadro por R$ 1050,00 e ainda lhe sobrou R$ 350,00. Quanto tinha Alberto?

b) Emprestei 75% dos 45% do que eu tinha para um amigo e ainda fiquei com R$ 3484,00. Quanto eu possuia?

c) Os 0,15 dois 0,3 do comprimento de uma pista são 153 m. Qual é o comprimento da pista?

160 Resolver:

a) Uma pessoa dividiu uma quantia entre 4 instituições. A 1ª recebeu $\frac{3}{16}$, da quantia, a 2ª $\frac{5}{18}$, a 3ª $\frac{1}{12}$ e a última os R$ 650,00 restantes. Qual a quantia doada.

b) Pedro dividiu uma quantia entre três filhos. O 1º recebeu 0,18 da importância, o 2º recebeu 0,34 da importância e o 3º os R$ 1248,00 restantes. Qual a quantia que foi distribuida?

c) Duas prestações de valores iguais foram pagas a 1ª com uma multa de $\frac{3}{8}$ do seu valor e a 2ª com um desconto de $\frac{5}{12}$ do seu valor. Se o valor pago foi R$ 1880,00, qual era o valor de cada prestação?

d) Nicolau gastou $\frac{3}{18}$ do que tinha em uma loja e $\frac{2}{9}$ do resto em outra, ficando ainda com R$ 280,00. Quantos reais tinha Nicolau?

Resp: **149** a) 21,85   b) 68,62   c) 4,13   d) 7,23   **150** a) 1243   b) 243   c) 3792   **151** a) 3 ; 3 ; 3   b) 8 ; 8 ; 8   c) 7 ; 7 ; 7   d) 9 ; 9 ; 9   e) 8 ; 7 ; 7   f) 6 ; 7 ; 9   g) 80 ; 80 ; 80   h) 70 ; 70 ; 70   i) 80 ; 90 ; 80

152 a) 4,0875 − 3,125 = 0,9625   b) 60,305 − 53,021 = 7,284   c) 2,70325 − 1,910875 = 0,792375

II. PRINCÍPIO FUNDAMENTAL DE CONTAGEM (PFC)

1 – Introdução

Há um ramo da matemática que trata da contagem de elementos ou agrupamentos que podemos formar, satisfazendo certas condições. Este ramo é chamado **Análise Combinatória**. Este assunto é estudado de forma mais aprofundada no ensino médio.

Por enquanto vamos ver um tópico deste assunto, que permite resolver vários tipos de problemas. É o chamado Princípio Fundamental de Contagem (PFC).

Alguns exemplos de problemas que podemos resolver usando este princípio:

1) Uma pessoa tem 3 camisetas e 2 bermudas, de quantos modos distintos ela pode se vestir com uma bermuda e uma camiseta?

Obs.: Neste tipo de problema, quando se fala 3 camisetas, considerar que elas sejam diferentes uma de outra. O mesmo para as bermudas.

2) Há 4 caminhos diferentes para se ir de uma cidade **A** até uma cidade **B** e 3 caminhos para se ir de B até uma cidade **C**. De quantos modos diferentes é possível ir A até C, passando por B?

3) Cinco amigos partipam de um jogo e obtêm números diferentes de pontos. De quantos modos diferentes temos para 1º, 2º e 3º lugares?

4) Com os algarismos 2, 3, 4, 5 e 6, quantos números

   a) de dois algarismos distintos podemos formar?

   b) de quatro algarismos distintos podemos formar?

   c) de quatro algarismos podemos formar?

   d) pares de três algarismos podemos formar?

2 – Exemplos

Através de exemplos vamos verificar o porque da multiplicação, para obter o número de resultado possíveis.

Exemplo 1: Com 3 pares de meias, um azul, um verde e um branca, e com dois pares de tênis, um cinza e outro preto, de quantos modos diferentes uma pessoa pode calçá-los?

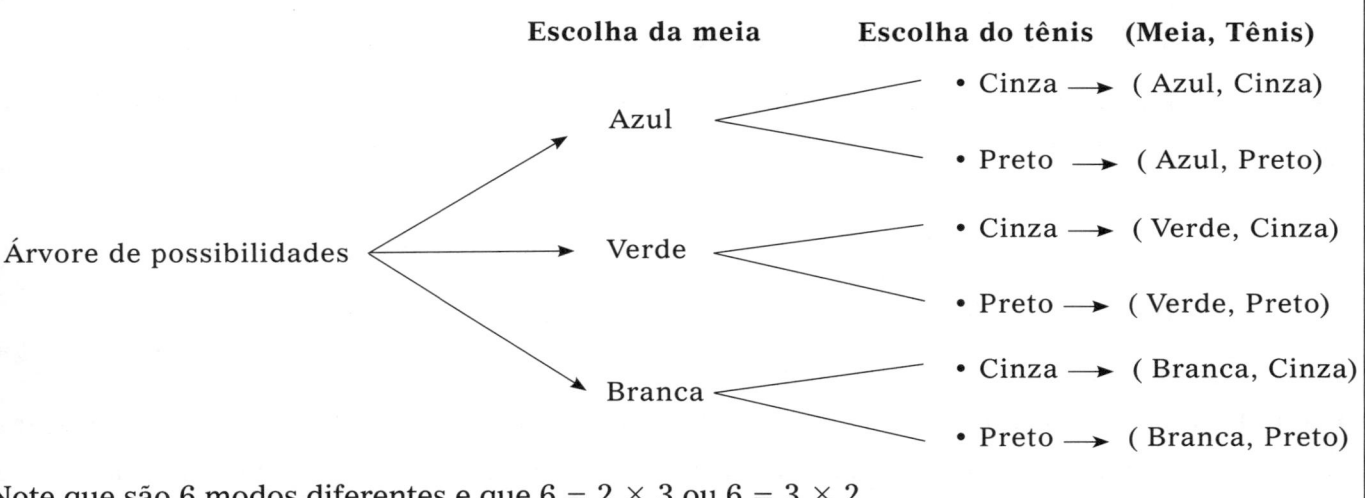

```
                              Escolha da meia      Escolha do tênis    (Meia, Tênis)

                                                   • Cinza  →  ( Azul, Cinza)
                                   Azul
                                                   • Preto  →  ( Azul, Preto)

                                                   • Cinza  →  ( Verde, Cinza)
Árvore de possibilidades  →        Verde
                                                   • Preto  →  ( Verde, Preto)

                                                   • Cinza  →  ( Branca, Cinza)
                                   Branca
                                                   • Preto  →  ( Branca, Preto)
```

Note que são 6 modos diferentes e que 6 = 2 × 3 ou 6 = 3 × 2.

Resp: **153** a) 3,6163 – 0,3675 = 3,2488 b) 3,03875 – 2,1982 = 0,84055 c) (10,406 ÷ 1,1) ÷ 0,08 = 9,46 ÷ 0,08 = 118,25

154 a) R$ 1060,00   b) R$ 1080,00   c) R$ 960,00   d) 476,00   e) R$ 156,00   **155** a) R$ 225,00   b) R$ 16,00

c) R$ 1400,00   d) 840,00   e) 850,00   f) R$ 1450,00   g) R$ 12 000,00   **156** a) 75   b) R$ 496,00

c) R$ 4872,00   d) R$ 480,00   e) R$ 720,00   f) R$ 900,00   g) 600 m   **157** a) R$ 300,00   b) 516,00

c) R$ 2400,00   d) R$ 1350,00   **158** a) R$ 1905,00   b) R$ 3150,00   c) R$ 702,00   d) R$ 966,00

159 a) R$ 3500,00   b) R$ 5200,00   c) 3400 m   **160** a) R$ 1440,00   b) R$ 2600,00   c) R$ 960,00   d) R$ 576,00

Outros diagramas para visualizar o número de casos:

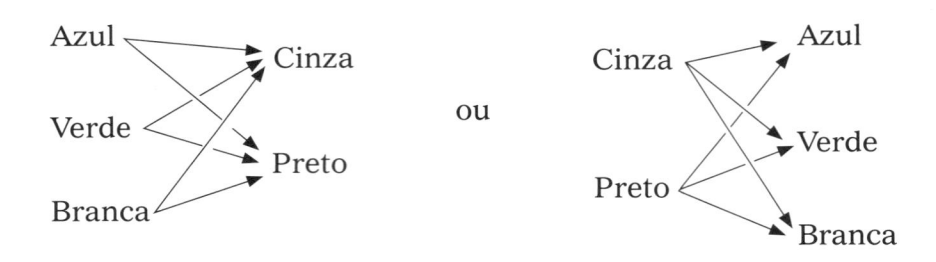

Azul → Cinza
Verde → Cinza
Branca → Cinza
Azul → Preto
Verde → Preto
Branca → Preto

ou

Cinza → Azul
Cinza → Verde
Cinza → Branca
Preto → Azul
Preto → Verde
Preto → Branca

Este tipo de problema é resolvido pelo princípio multiplicativo. Sendo **N** o número de modos diferentes que a pessoa pode calçá-los, para 3 pares de meias e 2 de tênis, temos:

$$N = 2 \cdot 3 = 6 \quad \text{ou} \quad N = 3 \cdot 2 = 6$$

Resposta: 6

Note que se fossem 10 pares de meias e 5 pares de tênis, neste tipo de problema imagina-se pares distintos entre si, ficaria não adequado fazer a árvore de possibilidades, neste caso. Mas da mesma forma que o anterior, obtemos:

$$10 \text{ pares de meias e 5 de tênis} \Rightarrow N = 10 \cdot 5 = 5 \cdot 10 \Rightarrow \boxed{N = 50}$$

Resposta: 50

Exemplo 2: Miguel tem 3 camisetas 2 bermudas e 4 pares de chinelos. De quantos modos diferentes ele pode se arrumar usando um de cada um destes objetos para um passeio?

Resolução: 3 camisetas, 2 bermudas e 4 pares de chinelos.

Para cada camiseta que ele escolher a 2 opções de bermudas.

Como há 3 camisetas, obtemos:

$3 \cdot 2 = 2 \cdot 3 = \boxed{6} \Rightarrow$ Há 6 modos diferentes para combinar camisetas e bermudas.

Para cada um dos 6 modos diferentes para camiseta e bermuda, ele pode escolher um par de chinelos. Como há 4 pares destes, obtemos: $6 \cdot 4 = \boxed{24}$ Então:

$$N = 3 \cdot 2 \cdot 4 \Rightarrow N = 6 \cdot 4 \Rightarrow \boxed{N = 24}$$

Há 24 modos diferentes para ele se arrumar para este passeio.

Resposta: 24

Exemplo 3: Maria levou para uma viagem 5 blusas, 8 saias e 3 pares de sandálias. De quantos modos diferentes ela pode se arrumar para participar de um encontro com amigo?

Resolução: Combinando saias e blusas há $5 \cdot 8 = 40$ modos diferentes de se vestir. Para cada um desses 40 modos ela pode escolher uma sandália. Como há 3 pares de sandálias, obtemos:

$$N = 40 \cdot 3 = 120 \quad \text{ou} \quad N = 5 \cdot 8 \cdot 3 \Rightarrow N = 40 \cdot 3 \Rightarrow \boxed{N = 120}$$

Resposta: 120

Exemplo 4: Após várias eliminatórias, 8 atletas, com as mesmas chances de vencer, vão disputar a grande final dos 100 metros rasos. De quantos modos distintos, supondo que não haja empates, pode-se ter ouro (1º colocado), prata (2º colocando) e bronze (3º colocado)?

Resolução: Qualquer um dos 8 atletas pode chegar em 1º e ficar com o ouro. Sobram 7 atletas e apenas um deles pode chegar em 2º e ficar com a prata. Restam 6 atletas e um deles vai chegar em 3º e ficar com o bronze. Então:

$$N = 8 \cdot 7 \cdot 6 \Rightarrow N = 56 \cdot 6 \Rightarrow \boxed{N = 336}$$

Obs.: É como se fossem 8 blusas, 7 saias e 6 sandálias. (Exemplo anterior).

Resposta: 336

Exemplo 5: Quantos números de 2 algarismos (algarismos distintos ou iguais) podemos formar com os algarismos 1, 2, 3, 4 e 5?

Resolução: Um destes 5 algarismos será o algarismo das dezenas e como pode repetir algarismos no mesmo número, qualquer um dos 5 poderá ser o algarismo das unidades. Então:

$$N = 5 \cdot 5 \Rightarrow \boxed{N = 25}. \text{ São estes: } \begin{cases} 11, 12, 13, 14, 15 \\ 21, 22, 23, 24, 25 \\ 31, 32, 33, 34, 35 \\ 41, 42, 43, 44, 45 \\ 51, 52, 53, 54, 55 \end{cases}$$

Obs.: Note que se fossem com os algarismos 1, 2, 3, 4, 5, 6, 7, 8, 9, poderíamos formar $9 \cdot 9 = 81$ números.

Resposta: 25

Exemplo 6: Quantos números de 2 algarismos distintos podemos formar com os algarismos 1, 2, 3, 4 e 5?

Resolução: Como não pode repetir o das unidades no das dezenas, ficamos com 5 possibilidades para um deles e $5 - 1 = 4$ possibilidades para o outro. Então:

$$N = 5 \cdot 4 = 4 \cdot 5 \Rightarrow \boxed{N = 20}$$

São estes: $\begin{cases} 12, 13, 14, 15 & \text{pois 11 não serve. Algarismos iguais} \\ 21, 23, 24, 25 & \text{pois 22 não serve. Algarismos iguais} \\ 31, 32, 34, 35 & \text{pois 33 não serve. Algarismos iguais} \\ 41, 42, 43, 45 & \text{pois 44 não serve. Algarismos iguais} \\ 51, 52, 53, 54 & \text{pois 55 não serve. Algarismos iguais} \end{cases}$

Resposta: 20

Exemplo 7: Quantos números de 3 algarismos (iguais ou distintos) podemos formar com os algarismos 1, 2, 3, 4, 5 e 6.

Resolução: Como pode repetir algarismos, temos 6 opções para o das centenas, 6 para o das dezenas e 6 para o das unidades. Então:

$$N = 6 \cdot 6 \cdot 6 \Rightarrow N = 36 \cdot 6 \Rightarrow N = 216$$

Resposta: 216

Exemplo 8: Com os algarismos 0, 1, 2, 3, 4 e 5, quantos números de 3 algarismos podemos formar, sabendo que pode haver repetição de algarismos no mesmo número?

Resolução: 1) Note que os números 023, 045, 051 não são de 3 algarismos, eles são os números de dois algarismos 23, 45 e 51.

2) No caso temos 6 algarismos, mas como o das centenas não pode ser o zero, para o das centenas temos apenas 5 possibilidades: 1, 2, 3, 4 ou 5. E como pode haver repetição, para o das dezenas e unidades temos 6 opções para cada um, pois eles podem ser zero. Então:

$N = 5 \cdot 6 \cdot 6$ ← algarismo das unidades (0, 1, 2, 3, 4, ou 5)
algarismo das dezenas (0, 1, 2, 3, 4, ou 5)
algarismo da centenas (1, 2, 3, 4, ou 5)

Então: $N = 5 \cdot 6 \cdot 6 \Rightarrow N = 30 \cdot 6 \Rightarrow \boxed{N = 180}$

Resposta: 180

Exemplo 9: Com os algarismos 1, 2, 3, 4, 5, 6, 7, 8, e 9, quantos números pares de 3 algarismos podemos formar?

Resolução: 1) Note que pode haver repetição de algarismos.

2) Para ele ser par, o algarismo das unidades tem que ser par. Neste caso, 2 4, 6 ou 8. Quatro possibilidades.

2, 4, 6 ou 8 (4 possibilidades)
1, 2, 3, ... , 9 (9 possibilidades)
1, 2, 3, ... , 9 (9 possibilidades)

Então: $N = 4 \cdot 9 \cdot 9 \Rightarrow N = 4 \cdot 81 \Rightarrow \boxed{N = 324}$

Resposta: 324

Obs.: Se este exercício fosse com os 10 algarismos, isto é: 0, 1, 2, 3, 4, 5, 6, 7, 8 e 9, o número poderia terminar em 0, 2, 4, 6 ou 8. Mas não podia começar com zero.

0, 2, 4, 6 ou 8 (5 possibilidades)
0, 1, ..., 9 (10 possibilidades)
1, 2, ... , 9 (9 possibilidades)

Então: $N = 9 \cdot 10 \cdot 5 \Rightarrow N = 9 \cdot 50 \Rightarrow \boxed{N = 450}$

Resposta: 450

Exemplo 10: Com os algarismos 1, 2, 3, 4, 5, 6, 7 e 8, quantos números pares de 3 algarismos, sem repetir algarismos no mesmo número, podemos formar?

Resolução: 1) Nos enunciados, quando dissermos " números de três algarismos distintos", estamos querendo dizer sem repetir algarismos no mesmo número.

2) O algarismo das unidades tem que ser par: 2, 4, 6 ou 8.

Vamos determinar quantos terminam em 2, E como os que terminam em 4, 6 e 8 são em mesmo número que os que terminam em 2, basta multiplicarmos o número obtido por 4.

Vejamos: Temos 8 algarismos e não pode repetir.

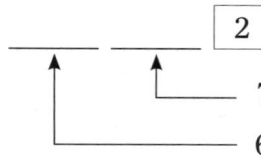

____ ____ | 2 |

— 7 possibilidades, pois não pode repetir o 2

— 6 possibilidades, pois não pode repetir o 2 nem o que já foi escolhido para as dezenas

Então, $M = 6 \cdot 7 = 7 \cdot 6 \Rightarrow M = 42$

Quando o das unidades for o 4 ou 6 ou 8, vamos obter 42. Então:

$$N = 4 \cdot M \Rightarrow N = 4(42) \Rightarrow N = 168$$

Resposta: 168

Exemplo 11: Com os algarismos 0, 1, 2, 3, 4, 5, 6, 7, 8 e 9, quantos, números pares de 4 algarismos distintos podemos formar?

Resolução: 1) São 10 algarismos.

2) O algarismo das unidades será 0, 2, 4, 6 ou 8.

3) Vamos considerar dois casos.

1º Caso: Os que terminam em 0.

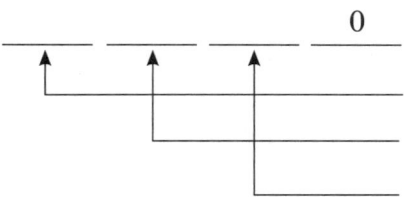

____ ____ ____   0

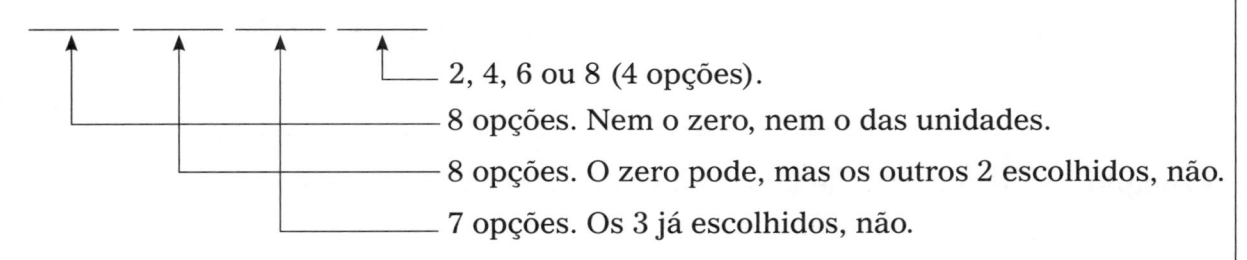

— 9 opções, pois o zero já foi escolhido.

— 8 opções, pois já foram escolhidos 2 algarismos.

— 7 opções, pois já foram escolhidos 3 algarismos.

Então: $A = 9 \cdot 8 \cdot 7 = 7 \cdot 8 \cdot 9 = 72 \cdot 7 \Rightarrow A = 504$

A é a quantidade de números de algarismos distintos que terminam em 0.

2º caso: Os que terminam em 2, 4, 6 ou 8.

____ ____ ____ ____

— 2, 4, 6 ou 8 (4 opções).

— 8 opções. Nem o zero, nem o das unidades.

— 8 opções. O zero pode, mas os outros 2 escolhidos, não.

— 7 opções. Os 3 já escolhidos, não.

$M = 4 \cdot 8 \cdot 8 \cdot 7 = 28 \cdot 64 = 1792$

Então: $N = A + M = 504 + 1792 \Rightarrow N = 2296$

Resposta: 2296

Exemplo 12: Uma sala tem 6 portas, sabendo que cada porta pode estar fechada ou aberta, de quantas maneiras esta sala pode estar em relação a estas portas estarem abertas ou fechadas.

Resolução: Note que podem estar todas fechadas ou todas abertas, ou se numeradas, a 1ª aberta e as outras fechadas, ou a 2ª aberta e as outras fechadas, ou 1ª e 5ª abertas e as outras fechadas, etc.

Temos duas possibilidades para cada porta: ou ela está aberta ou fechada.

_↑ ↑ ↑ ↑ ↑ ↑_ Aberta ou fechada. Duas opções.

Então: $N = 2 \cdot 2 \cdot 2 \cdot 2 \cdot 2 \cdot 2 \Rightarrow \boxed{N = 64}$

Resposta: 64

Exemplo 13: Uma sala tem 6 portas, de quantas maneiras diferentes esta sala poderá estar aberta.

Resolução: Note que ela estará aberta se pelo menos uma das portas estiver aberta. Pode estar apenas uma ou apenas duas, ou todas, etc. Só não pode acontecer de todas estarem fechadas.

Como no exemplo anterior, temos duas opções para cada uma das seis portas, ou ela está aberta ou fechada. Então basta tiramos o caso em que todas estão fechadas.

Então: $N = 2 \cdot 2 \cdot 2 \cdot 2 \cdot 2 \cdot 2 - 1 \Rightarrow N = 64 - 1 \Rightarrow \boxed{N = 63}$

Resposta: 63

Exemplo 14: De quantas maneiras pode ser respondida um prova de 5 testes, cada um com 3 alternativas?

Resolução:
1) a)   2) a)   3) a)   4) a)   5) a)
   b)   b)   b)   b)   b)
   c)   c)   c)   c)   c)

Temos 3 opções para cada teste, supondo que só podemos optar por uma alternativa por teste.

1º 2º 3º 4º 5º
↑ ↑ ↑ ↑ ↑ ———— a ou b ou c (3 opções).

Então: $N = 3 \cdot 3 \cdot 3 \cdot 3 \cdot 3 = 9 \cdot 9 \cdot 3 = 81 \cdot 3 \Rightarrow N = 243$

Resposta: 243

Exemplo 15: As 6 portas de uma sala estão abertas, de quantas maneiras diferentes podemos entrar e sair desta sala?

Resolução: 6 modos para entrar e 6 para sair $\Rightarrow N = 6 \cdot 6 \Rightarrow \boxed{N = 6 \cdot 6}$

Resposta: 36

161 Resolver:

a) Dispondo de 3 camisetas e duas bermudas de quantos modos diferentes João pode se vestir?

b) Há 5 caminhos diferentes ligando as cidades A e B e 4 ligando as cidade B e C. De quantos modos deferentes pode-se ir de A até C passando por B?

c) Dispondo de 3 calças, 5 camisas e 2 pares de tênis, de quantos modos Paulo pode se vestir para ir à escola?

d) De um grupo de 10 rapazes e 12 moças, quantos casais diferentes pode-se formar para um concurso de danças?

e) Em um determinado dia um restaurante oferecia 4 tipos de massa e 5 tipos de molho par ser montado o prato principal e para a sobremesa, 3 tipos de doces. Quantas opções um cliente tinha para a sua refeição?

f) Uma concessionária oferece, produzido por uma fábrica, veículos com 4 tipos de motores (gasolina, álcool, flex e elétrico), com 3 tipos de potências e cada modelo em 5 cores diferentes. Quantas alternativas um cliente tem na escolha de um desses veículos?

162 Com os algarismos 1, 2, 3, 4, 5 e 6, quantos números de

a) dois algarismos podemos formar?

b) Três algarismos podemos formar?

c) dois algarismos distintos podemos formar?

d) Três algarismos distintos podemos formar?

163 Com os algarismos 0, 1, 2, 3, 4, 5 e 6, quantos números de 3 algarismos podemos formar,

a) Podendo repetir algarismo no mesmo número.

b) Não podendo repetir algarismos no mesmo número.

164 Com os algarismos 1, 2, 3, 4, 5, 6 e 7, quantos números

a) pares de 3 algarismos podemos formar?

b) ímpares de 3 algarismos podemos formar?

c) pares de três algarismos distintos podemos formar?

d) ímpares de três algarismos distintos podemos formar?

e) múltiplos de 5, de três algarismos, podemos formar?

f) múltiplos de 5, de três algarismos, com algarismos distintos, podemos formar?

165 Com os algarismos 0, 1, 2, 3, 4, 5, 6, 7, 8 e 9, determinar quantos números de quatro algarismos;

a) Podemos formar.

b) Podemos formar, sem repetir algarismos no mesmo número.

c) Com o número obtido sendo par, podemos formar.

d) Com o número obtido sendo par, sem repetição de algarismos no mesmo número, podemos formar.

e) Com o número obtido sendo ímpar, podemos formar.

f) Com o número obtido sendo ímpar, sem repetição de algarismos no mesmo número, podemos formar.

g) Com o número obtido sendo múltiplo de 5, podemos formar.

h) Com o número obtido, com algarismos distintos, e múltiplo de 5, podemos formar.

i) Maiores ou iguais a 500, podemos formar.

j) Maiores que 500, com algarismos distintos, podemos formar.

Resp: **161** a) 6   b) 20   c) 30   d) 120   e) 60   f) 60   **162** a) 36   b) 216   c) 30   d) 120

166 Resolver:

a) Carlos Sousa pretende formar uma senha com as letras do seu nome, todas maiúsculas, composta de duas consoantes seguidas de uma vogal. Que número máximo de senhas ele pode obter?

b) Uma sala tem 5 portas. De quantas maneiras esta sala pode estar aberta?

Obs.: Pelo menos uma das portas tem que estar aberta.

c) Uma placa de carro é composta de 3 letras seguidas de 4 algarismos. Se dispomos das letras A, B, C, D, E, F e dos algarismos 2, 4, 6, 7, 8, qual o número máximo de placas obtidas?

d) De quantos modos diferentes é possível responder uma prova com 5 testes, cada um com 4 alternativas?

e) Há cinco escadas que levam ao topo de um tronco de pirâmide. De quantos modos podemos subir e descer deste tronco?

f) Uma sala está com 6 portas abertas. De quantos modos podemos entrar e sair desta sala, sem entrar e sair pela mesma porta?

g) Um ônibus está com 7 poltronas desocupadas. Uma família de 5 pessoas vai entrar neste ônibus. De quantos modos distintos estas pessoas poderão ocupar as poltronas vazias?

h) Titonho tem 6 sobrinhos. De quantos modos diferentes ele pode convidar pelo menos um sobrinho para um churrasco?

Dica: Olhar o item (b).

Resp: **163** a) 294 b) 180 **164** a) 147 b) 196 c) 90 d) 120 e) 49 f) 30
165 a) 9000 b) 4536 c) 4500 d) 2296 e) 4500 f) 2240 g) 1800 h) 952 i) 5000 j) 2520
166 a) 48 b) 31 c) 135000 d) 1024 e) 25 f) 30 g) 2520 h) 63

III PROBABILIDADES

1 – Introdução

A tia Ana, de João e Antônio, joga dois dados comuns e pergunta para os sobrinhos, se eles conseguem adivinhar qual é a soma dos números das faces voltados para cima. Logo eles percebem após alguns lançamentos, que é impossível dizer com certeza qual é esta soma. Deve-se isto ao fato de tratar-se de um **experimento aleatório**, isto é, experimento o qual não é possível prever com certeza o resultado.

Se João disser que a soma será 8 e Antônio que a soma será 11, qual dos dois tem mais chance de acertar? Qual resultado é mais provável? Qual a probabilidade de ocorrer 8 e qual a probabilidade de ocorrer 11?

Este tipo de problema, embora, conhecido a muito tempo, começou a ser vitsto de forma mais teórica com Pascal(Bleise Pascal, 1623-1662) e Fermat (Pierre de Fermat, 1601-1665), no século XVII.

"Quando em um experimento aleatório os diferentes resultados ocorrem com igual frequência, a probabilidade de ocorrer um resultado é a razão entre o número de casos favoráveis e número total de casos possíveis."

Esta definição deve-se a Laplace (Pierre Simon Laplace, 1799-1827).

2 – Espaço amostral e evento

O conjunto dos resultado possíveis obtidos em um **experimento aleatório** chama-se **espaço amostral** e qualquer subconjunto deste espaço amostral é chamado **evento**.

Exemplo 1: Lançar um dado e olhar o número da face voltada para cima.

Espaço amostral: $E = \{1, 2, 3, 4, 5, 6\}$, $n(E) = 6$.

Alguns eventos para este espaço amostral:

A = ocorrer um número par $\Rightarrow A = \{2, 4, 6\}$, $n(A) = 3$.

B = ocorrer um número primo e par $\Rightarrow B = \{2\}$, $n(B) = 1$

C = ocorrer um número primo ímpar $\Rightarrow C = \{3, 5\}$, $n(C) = 2$.

D = ocorrer um número maior ou igual a 5 $\Rightarrow D = \{5, 6\}$, $n(D) = 2$.

F = ocorrer um número menor que 7 $\Rightarrow F = \{1, 2, 3, 4, 5, 6\}$, $n(F) = 6$.

Este evento é chamado **evento certo** ou **certeza**.

G = ocorrer um número maior que 10 $\Rightarrow G = \varnothing$, $n(G) = 0$.

Observe, de acordo com Laplace, a probabilidade destes eventos

$P(A) = \dfrac{n(A)}{n(E)} = \dfrac{3}{6} \Rightarrow P(A) = \dfrac{1}{2}$, $P(B) = \dfrac{n(B)}{n(E)} = \dfrac{1}{6} \Rightarrow P(B) = \dfrac{1}{6}$

$P(C) = \dfrac{n(C)}{n(E)} = \dfrac{2}{6} \Rightarrow P(C) = \dfrac{1}{3}$, $P(D) = \dfrac{n(D)}{n(E)} = \dfrac{2}{6} \Rightarrow P(D) = \dfrac{1}{3}$

$P(F) = \dfrac{n(F)}{n(E)} = \dfrac{6}{6} \Rightarrow P(F) = 1$, $P(G) = \dfrac{n(G)}{n(E)} = \dfrac{0}{6} \Rightarrow P(G) = 0$

Note que a probabilidade de um evento A é $\boxed{0 \leqslant P(A) \leqslant 1}$

Exemplo 2: Lançar uma moeda duas vezes e observar a sequência de resultados.

k = cara, c = coroa.

Espaço amostral: E = {(k, k) , (k, c), (c, c)}, n(E) = 4.

Alguns eventos:

A = obter duas caras $\Rightarrow$ A = {(k, k)} $\Rightarrow$ n(A) = 1

B = obter pelo menos uma coroa $\Rightarrow$ B = {(k, c), (c, k), (c, c)} $\Rightarrow$ n(B) = 3

Observe as probabilidades destes eventos:

$P(A) = \dfrac{n(A)}{n(E)} = \dfrac{1}{4}$ $\Rightarrow$ $P(A) = \dfrac{1}{4}$, $P(B) = \dfrac{n(B)}{n(E)} = \dfrac{3}{4}$ $\Rightarrow$ $P(B) = \dfrac{3}{4}$

Note que: $0 \leqslant P(A) \leqslant 1$ e $0 \leqslant p(B) \leqslant 1$

Exemplo 3: Lançar uma moeda 3 vezes e observar as sequências de caras (k) e coroas (c) obtidas.

Eventos:

A = ocorrer duas caras seguidas.   B = ocorrer pelo menos duas coroas.

C = ocorrer exatamente duas caras.   D = não ocorrer coroa.

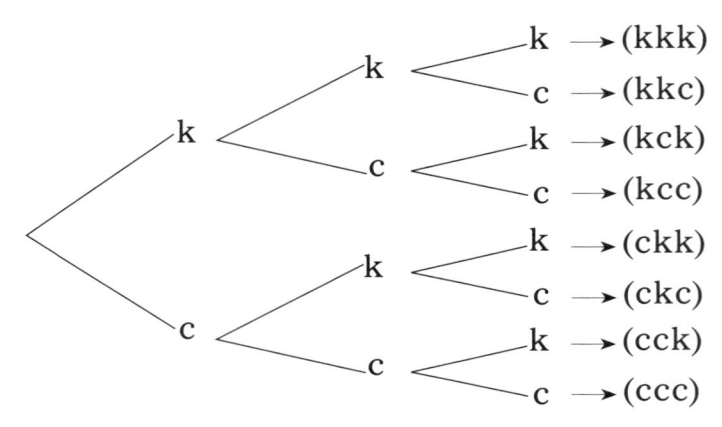

```
                    k → (kkk)
              k <
                    c → (kkc)
        k <
                    k → (kck)
              c <
                    c → (kcc)
    <
                    k → (ckk)
              k <
                    c → (ckc)
        c <
                    k → (cck)
              c <
                    c → (ccc)
```

Espaço amostral: E = {(kkk), (kkc), (kck), (kcc), (ckk), (ckc), (cck), (ccc)}, n(E) = 8.

A = {(kkk), (kkc), (ckk)}, B = {(ccc), (ckc), (kcc), (cck)}

C = {(kkc), (kck), (ckk)}, D = {(kkk)}

Observe: $P(A) = \dfrac{3}{8}$, $P(B) = \dfrac{4}{8} = \dfrac{1}{2}$, $P(C) = \dfrac{3}{8}$, $P(D) = \dfrac{1}{8}$

Exemplo 4: Uma urna contém 3 bolas brancas, 4 azuis e 5 bolas pretas. Retira-se uma bola aleatoriamente desta urna. Qual a probabilidade dela ser:

a) Branca?   b) Azul?   c) Preta?

Resolução: Para um melhor entendimento, vamos numerar as bolas.

1) **Espaço amostral**: E = {B_1, B_2, B_3, A_1, A_2, A_3, A_4, P_1, P_2, P_3, P_4, P_5} , n(E) = 12

2) Eventos:

B = extrair uma branca = {B_1, B_2, B_3}.   A = extrair uma azul = {A_1, A_2, A_3, A_4}.

P = extrair uma preta = {P_1, P_2, P_3, P_4, P_5}.

a) $P(B) = \dfrac{3}{12}$ $\Rightarrow$ $P(B) = \dfrac{1}{4}$ b) $P(A) = \dfrac{4}{12}$ $\Rightarrow$ $P(A) = \dfrac{1}{3}$ c) $P(P) = \dfrac{5}{12}$

Resposta: a) $\dfrac{1}{4}$ b) $\dfrac{1}{3}$ c) $\dfrac{5}{12}$

Exemplo 5: Uma urna tem 6 fichas numeradas de 1 até 6 e outra urna tem 8 bolinhas numeradas de 1 até 8. Retira-se ao acaso uma ficha da primeira e uma bolinha da segunda e anota-se em forma de par ordenado (F, B) os resultados possíveis. Observe o espaço amostral:

E = {(1, 1), (1, 2), (1, 3), (1, 4), (1, 5), (1, 6), (1, 7), (1, 8),
     (2, 1), (2, 2), (2, 3), (2, 4), (2, 5), (2, 6), (2,7), (2, 8),
     (3, 1), (3, 2), (3, 3), (3, 4), (3, 5), (3, 6), (3,7), (3, 8),
     (4, 1), (4, 2), (4, 3), (4, 4), (4, 5), (4, 6), (4,7), (4, 8),
     (5, 1), (5, 2), (5, 3), (5, 4), (5, 5), (5, 6), (5,7), (5, 8),
     (6, 1), (6, 2), (6, 3), (6, 4), (6, 5), (6, 6), (6,7), (6, 8),

Note que n(E) = 6 · 8 $\Rightarrow$ n(E) = 48.

Determinar a probabilidade de que

a) Os números na ficha e bolinha sejam iguais.

b) O número na bolinha seja par.

c) A soma dos dois números obtidos seja menor ou igual a 4.

Resolução: a) Evento A = {(1, 1), (2, 2), (3, 3), (4, 4), (5, 5), (6, 6)}

$$P(A) = \frac{6}{48} \Rightarrow P(A) = \frac{1}{8}$$

b) Evento B = {(1, 2), ... , (6, 2); (1, 4), ... , (6, 4); (1, 6), ... (6, 6); (1, 8); ... , (6, 8)}

$$n(B) = 24 \Rightarrow P(B) = \frac{24}{48} \Rightarrow P(B) = \frac{1}{2}$$

c) Evento C = {(1, 1), (1, 2), (1, 3), (2, 1), (2, 2), (3, 1)}

$$P(C) = \frac{6}{48} \Rightarrow P(C) = \frac{1}{8}$$

Resposta: a) $\frac{1}{8}$ b) $\frac{1}{2}$ c) $\frac{1}{8}$

Exemplo 6: Em uma empresa com 48 funcionários, todos são fluentes em língua portuguesa e apenas 13 são fluentes também em inglês e apenas 18 são fluentes também em espanhol.

Se 20 deles são fluentes apenas em português, determinar:

a) Quantos são fluentes em inglês e espanhol.

b) Escolhendo ao acaso um funcionário desta empresa, qual a probabilidade dele ser fluentes apenas em português e espanhol?

Resolução:

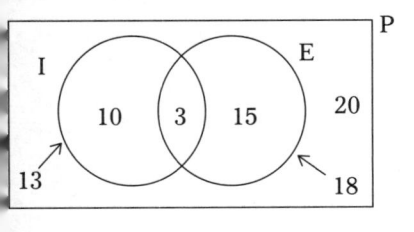

a) 1) 48 − 20 = 28 $\Rightarrow$ 28 são fluentes em pelo menos 2 línguas.

2) Como 18 + 13 = 31, obtemos que 31 − 28 = 3 são fluentes em 3 línguas.

Observe o diagrama.

3) 18 − 3 = 15 são fluentes apenas em português e espanhol.

Então:

$$P = \frac{15}{48} \Rightarrow P = \frac{5}{16}$$

Resposta: a) 3   b) $\frac{5}{16}$

167 Uma urna contém 15 cartões numerados de 1 até 15. Considere o experimento, retira-se um cartão da urna e observa-se seu número. O espaço amostral é o seguinte:

E = {1, 2, 3, 4, 5, 6, 7, 8, 9, 10, 11, 12, 13, 14, 15};

Determinar os seguintes eventos:

a) A = O número obtido é menor que 6.

b) B = O número obtido é maior que 10.

c) C = O número obtido é menor que 20.

d) D = O número obtido é maior que 20.

e) F = O número obtido é par.

f) G = O número obtido é primo.

168 O espaço amostral do experimento lançar um dado comum e observar o número da face voltada para cima é E = {1, 2, 3, 4, 5, 6}. Determinar os seguintes eventos:

a) A = O número obtido é par.

b) B = O número obtido é ímpar.

c) C = o número obtido é primo.

169 Uma moeda é lançada duas vezes e observa-se a sequência das imagens, voltadas para cima. Observe o espaço amostral para k = cara e c = coroa: E = {(k, k), (k, c), (c, k), (c, c)}. Determinar os seguintes eventos:

a) A = pelo menos uma cara é obtida nos dois lançamentos.

b) B = Exatamente uma coroa é obtida.

170 Uma urna contém 4 bolas numeradas de 1 até 4. Retira-se uma bola da urna, anota-se o número da bola e a repõe na urna. Retira-se outra vez uma bola desta urna, e anota-se o número da bola. O espaço amostral das sequências dos números anotados é:

E = {(1, 1), (1, 2), (1, 3), (1, 4),
(2, 1), (2, 2), (2, 3), (2, 4),
(3, 1), (3, 2), (3, 3), (3, 4),
(4, 1), (4, 2), (4, 3), (4, 4)}

Determinar os seguintes eventos:

a) A = Os números obtidos nas duas retiradas são iguais.

b) B = A soma dos números é 4.

c) C = A soma dos números é 7.

171 No lançamento de um dado, determinar a probabilidade de que a face voltada para cima seja um número:

a) par.	b) ímpar.	c) primo.
d) menor que 8.	e) maior que 6.	f) par e primo.
g) par ou primo.	h) primo e ímpar.	i) primo ou ímpar.

172 Uma urna contém 8 bolas azuis e 6 verdes. Qual é a probabilidade de que uma bola retirada desta urna seja:

a) Azul?	b) Verde?

173 Uma urna contém 9 bolas azuis e 4 vermelhas. Retira-se uma bola de cada vez desta urna, sem reposição, se as 3 primeiras retiradas foram todas azuis, qual a probabilidade de que a quarta bola retirada seja vermelha?

174 De uma urna contendo 14 etiquetas numeradas de 1 até 14 sorteia-se uma das etiquetas. Determinar a probabilidade do número sorteado ser:

a) par.	b) ímpar.	c) primo.
d) múltiplo de 4.	e) múltiplo de 3.	f) divisor de 10.
g) divisor de 60.	h) divisor de 13.	i) divisor de 7.

175 Uma urna contém 5 bolas iguais, numeradas de 1 a 5. Retira-se uma bola, observa-se o número dela, devolve-se a bola à urna e repete-se o experimento. Anota-se em forma de par ordenado e primeiro e segundo números observados (1º, 2º). Observe os resultados possíveis

números na segunda bola retirada

		1	2	3	4	5
números na primeira bola retirada	1	(1, 1)	(1, 2)	(1, 3)	(1, 4)	(1, 5)
	2	(2, 1)	(2, 2)	(2, 3)	(2, 4)	(2, 5)
	3	(3, 1)	(3, 2)	(3, 3)	(3, 4)	(3, 5)
	4	(4, 1)	(4, 2)	(4, 3)	(4, 4)	(4, 5)
	5	(5, 1)	(5, 2)	(5, 3)	(5, 4)	(5, 5)

Determinar a probabilidade de:

a) Os números observados nas duas retiradas serem iguais.

b) A soma dos números observados ser 4.

c) A soma dos números ser 5.

d) A soma dos números ser 6.

e) Os dois números observados serem primos.

f) A soma dos números ser maior ou igual a 7.

176 Uma moeda é lançada 3 vezes. Observe as sequências obtidas:

E = {(kkk), (kkc), (kck), (ckk), (kcc), (ckc), (cck), (ccc)}.

Determinar a probabilidade de ocorrência de;

a) Três caras ou três coroas.

b) Apenas duas caras.

c) Apenas uma coroa.

d) Pelo menos uma cara.

e) Pelo menos duas coroas.

f) Duas caras seguidas.

g) Extamente duas coroas.

h) Cara no 2º lançamento.

i) Coroa no 1º lançamento.

177 Um dado é lançado duas vezes e os resultados obtidos são mostrados no diagrama abaixo.

números obtidos no segundo lançamento

	1	2	3	4	5	6
1	(1, 1)	(1, 2)	(1, 3)	(1, 4)	(1, 5)	(1, 6)
2	(2, 1)	(2, 2)	(2, 3)	(2, 4)	(2, 5)	(2, 6)
3	(3, 1)	(3, 2)	(3, 3)	(3, 4)	(3, 5)	(3, 6)
4	(4, 1)	(4, 2)	(4, 3)	(4, 4)	(4, 5)	(4, 6)
5	(5, 1)	(5, 2)	(5, 3)	(5, 4)	(5, 5)	(5, 6)
6	(6, 1)	(6, 2)	(6, 3)	(6, 4)	(6, 5)	(6, 6)

números obtidos no primeiro lançamento

Determinar a probabilidade de:

a) Os números obtidos nos dois lançamentos serem iguais.

b) A soma dos números obtidos seja 4.

c) A soma dos números obtidos seja 7.

d) A soma dos números obtidos seja 10 ou 4.

e) Os números obtidos nos dois lançamento sejam primos.

f) A diferença entre os números obtidos seja maior ou igual a 4.

g) A soma dos números obtidos seja múltiplo de 6.

h) O número obtido no primeiro lançamento é maior do que o outro.

i) A diferença entre os números obtidos seja múltiplo de 5.

j) Um número obtido seja o dobro do outro.

k) Um número obtido seja o quadrado do outro.

l) Um número obtido é o triplo do outro.

Resp: **167** a) A = {1, 2, 3, 4, 5}   b) B = {11, 12, 13, 14, 15}   c) C = {1, 2, 3, ... , 13, 14, 15} = E   d) D = { } ou D = ∅
e) F = {2, 4, 6, 8, 10, 12, 14}   f) G = {2, 3, 5, 7, 11, 13}   **168** a) A = {2, 4, 6}   b) B = {1, 3, 5}
c) C = {2, 3, 5}   **169** a) A = {(k, c), (c, k), (k, k)}   b) B = {(c, k), (k, c)}
170 a) A = {(1, 1), (2, 2), (3, 3), (4, 4)}   b) B = {(3, 1), (2, 2, (1, 3)}   c) C = {(4, 3), (3, 4)}
171 a) $\frac{1}{2}$ b) $\frac{1}{2}$ c) $\frac{1}{2}$ d) 1   e) 0   f) $\frac{1}{6}$ g) $\frac{5}{6}$ h) $\frac{1}{3}$ i) $\frac{2}{3}$ **172** a) $\frac{4}{7}$ b) $\frac{3}{7}$
173 $\frac{2}{5}$ **174** a) $\frac{1}{2}$ b) $\frac{1}{2}$ c) $\frac{3}{7}$ d) $\frac{3}{14}$ e) $\frac{2}{7}$ f) $\frac{2}{7}$ g) $\frac{4}{7}$ h) $\frac{1}{7}$ i) $\frac{1}{7}$

178 De um baralho 52 cartas (são 13 de cada naipe), uma carta é extraída ao acaso. Determinar a probabilidade de ela ser:

a) De copas	b) De paus	c) Um rei
d) Uma dama	e) Uma dama de copas	f) Um valete de ouro
g) De paus ou espada	h) Dama vermelha	i) Rei preto

179 Uma urna contém 4 bolas brancas, 6 azuis e 8 verdes. Uma bola é extraída ao acaso. Determinar a probabilidade dela ser:

a) Branca.	b) Azul.	c) Verde.
d) Branca ou azul.	e) Branca ou verde.	f) Azul ou verde.

180 Considere as letras da palavra RETRATAR. Sorteando uma destas letras, determinar a probabilidade dela ser:

a) Uma vogal.	b) Uma consoante.	c) A letra R.
d) A letra T.	e) A letra A.	f) A letra E.

181 Sorteando-se uma das letras da palavra ATITUDE, determinar a probabilidade.

a) dela ser vogal.	b) dela ser consoante.	c) dela ser a letra T.

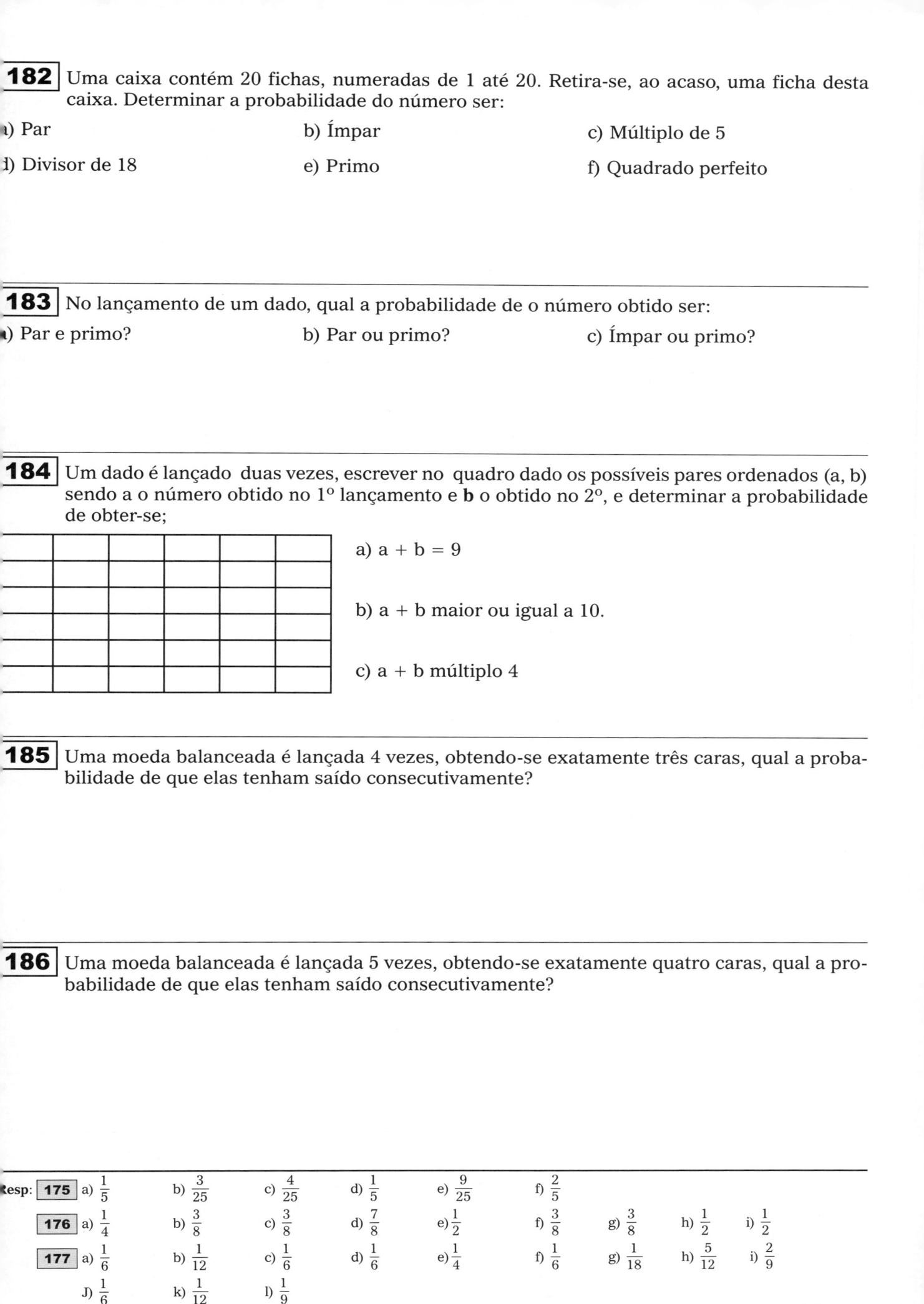

182 Uma caixa contém 20 fichas, numeradas de 1 até 20. Retira-se, ao acaso, uma ficha desta caixa. Determinar a probabilidade do número ser:

a) Par b) Ímpar c) Múltiplo de 5

d) Divisor de 18 e) Primo f) Quadrado perfeito

183 No lançamento de um dado, qual a probabilidade de o número obtido ser:

a) Par e primo? b) Par ou primo? c) Ímpar ou primo?

184 Um dado é lançado duas vezes, escrever no quadro dado os possíveis pares ordenados (a, b) sendo a o número obtido no 1º lançamento e **b** o obtido no 2º, e determinar a probabilidade de obter-se;

a) a + b = 9

b) a + b maior ou igual a 10.

c) a + b múltiplo 4

185 Uma moeda balanceada é lançada 4 vezes, obtendo-se exatamente três caras, qual a probabilidade de que elas tenham saído consecutivamente?

186 Uma moeda balanceada é lançada 5 vezes, obtendo-se exatamente quatro caras, qual a probabilidade de que elas tenham saído consecutivamente?

Resp: **175** a) $\frac{1}{5}$ b) $\frac{3}{25}$ c) $\frac{4}{25}$ d) $\frac{1}{5}$ e) $\frac{9}{25}$ f) $\frac{2}{5}$

176 a) $\frac{1}{4}$ b) $\frac{3}{8}$ c) $\frac{3}{8}$ d) $\frac{7}{8}$ e) $\frac{1}{2}$ f) $\frac{3}{8}$ g) $\frac{3}{8}$ h) $\frac{1}{2}$ i) $\frac{1}{2}$

177 a) $\frac{1}{6}$ b) $\frac{1}{12}$ c) $\frac{1}{6}$ d) $\frac{1}{6}$ e) $\frac{1}{4}$ f) $\frac{1}{6}$ g) $\frac{1}{18}$ h) $\frac{5}{12}$ i) $\frac{2}{9}$

J) $\frac{1}{6}$ k) $\frac{1}{12}$ l) $\frac{1}{9}$

187 Em uma pesquisa com 160 pessoas, sobre se frequentam os restaurantes A e B de um bairro, verificou-se que 30 pessoas frequentam apenas A, 50 frequentam apenas B e 60 nenhum dos dois. Escolhendo ao acaso uma pessoa deste grupo, qual é a probabilidade de que ela.

a) Frequente ambos?   b) Frequente A?   c) Frequente A ou B?

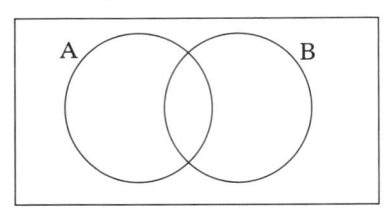

188 Em uma pesquisa foram entrevistados 200 pessoas sobre se assinam os jornais A e B. Estes são os resultados: 40% assinam A, 50% assinam B e 40% nenhum dos dois. Escolhendo ao acaso um dos entrevistados, qual a probabilidade de que ele assine?

a) A e B.   b) A ou B.   c) Apenas B.

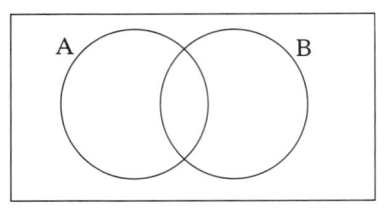

189 Joga-se um dado 3 vezes e anota-se os números obtidos na forma de ternos (a, b, c) com **a** o número no 1º lançamento, **b** no 2º e **c** no 3º. Determinar:

a) Quantos termos distintos são obtidos.

b) A probabilidade dos números a, b e c serem iguais.

c) A probabilidade de que a + b + c = 5.

d) A probabilidade de que a + b + c seja menor ou igual a 4.

e) A probabilidade de que a + b + c seja máxima.

Resp: **178** a) $\frac{1}{4}$ b) $\frac{1}{4}$ c) $\frac{1}{13}$ d) $\frac{1}{13}$ e) $\frac{1}{52}$ f) $\frac{1}{52}$ g) $\frac{1}{2}$ h) $\frac{1}{26}$ i) $\frac{1}{26}$

179 a) $\frac{2}{9}$ b) $\frac{1}{3}$ c) $\frac{4}{9}$ d) $\frac{5}{9}$ e) $\frac{2}{3}$ f) $\frac{7}{9}$ **180** a) $\frac{3}{8}$ b) $\frac{5}{8}$ c) $\frac{3}{8}$ d) $\frac{1}{4}$ e) $\frac{1}{4}$ f) $\frac{1}{8}$

181 a) $\frac{4}{7}$ b) $\frac{3}{7}$ c) $\frac{2}{7}$ **182** a) $\frac{1}{2}$ b) $\frac{1}{2}$ c) $\frac{1}{5}$ d) $\frac{3}{10}$ e) $\frac{2}{5}$ f) $\frac{1}{5}$

183 a) $\frac{1}{6}$ b) $\frac{5}{6}$ c) $\frac{2}{3}$ **184** a) $\frac{1}{9}$ b) $\frac{1}{6}$ c) $\frac{1}{4}$ **185** $\frac{1}{2}$ **186** $\frac{2}{5}$ **187** a) $\frac{1}{8}$ b) $\frac{5}{16}$ c) $\frac{5}{8}$

188 a) 30% b) 60% c) 20%   **189** a) 216 b) $\frac{1}{36}$ c) $\frac{1}{36}$ d) $\frac{1}{54}$ e) $\frac{1}{216}$

IV INTERPRETAÇÃO DE GRÁFICOS

Quando temos um conjunto de dados, mostrando uma certa relação entre grandezas, para analisar estes dados, uma ferramenta importante é o gráfico. Há vários tipos de gráficos: barras, setores, linhas, etc.

Analisando um gráfico podemos obter informações relevantes. Vejamos alguns exemplos.

Exemplo 1: Uma pessoa caminha em uma avenida, a partir do início (nº zero) de acordo com o gráfico dado do espaço (s) em metros (m) em função do tempo em minutos (min.).

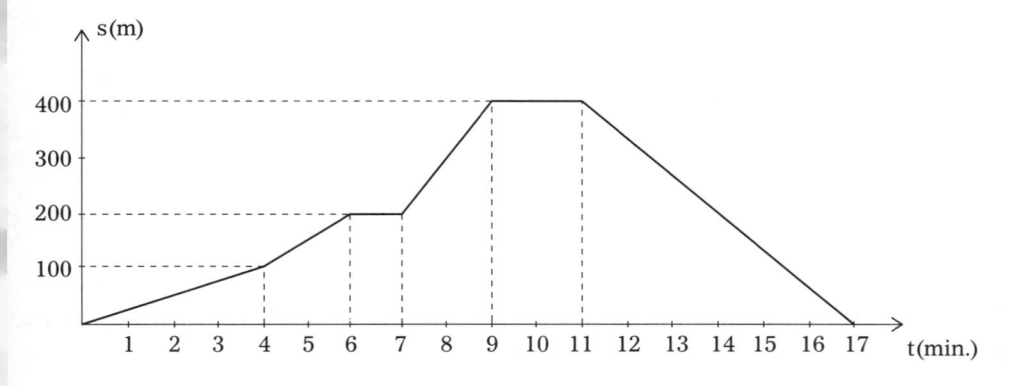

Algumas conclusões que podemos tirar deste gráfico:

1) Nos primeiros 4 minutos ela andou 100 m e nos 2 seguintes, outros 100 m e nos 2 minutos (8º e 9º) ela andou 200 m. Note que as velocidades foram dobrando neste 3 trechos.

2) Ela ficou parada no 7º, 10º e 11º minutos. Ficou parada 3 minutos.

3) Ela foi até o nº 400 (400 m) e depois, em 6 minutos voltou até o 0.

Exemplo 2: (Enem) De acordo com a Organização Mundial da Saúde (OMS), o limite de ruído suportável para o ouvido humano é de 65 decibéis. Ruídos com intensidade superior a este valor começam a incomodar e causar danos ao ouvido. Em razão disto, toda vez que os ruídos oriundos do processo de fabricação de peças em uma fábrica ultrapassam este valor, é disparado um alarme sonoro, indicando que os funcionários devem colocar proteção nos ouvidos. O gráfico fornece a intensidade sonora registrada no último turno de trabalho dessa fábrica. Nele, a variável t indica o tempo (medido em hora), e I indica a intensidade sonora (medida em decibel).

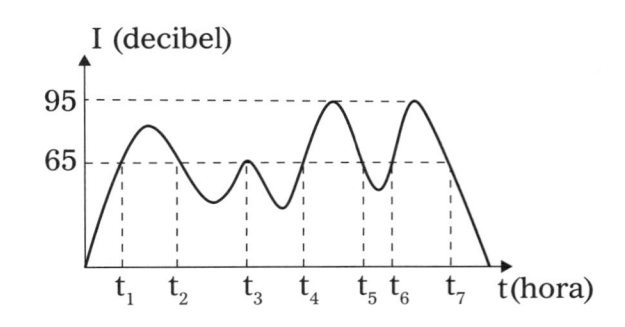

De acordo com o gráfico, quantas vezes foi necessário colocar a proteção de ouvidos no último turno de trabalho?

a) 7   b) 6   c) 4   d) 3   e) 2

Resolução: 1) No instante t_3 o ruído chega a 65 decibéis, mas não supera, então não há necessidade de usar a proteção.

2) Há necessidade de usar a proteção nos intervalos em que o ruído supera os 65 decibéis. Isto é, nos intervalos t_1 até t_2, t_4 até t_5 e t_6 até t_7, ou seja: 3 vezes

Resposta: D

190 (UERJ – adaptado) O gráfico a seguir representa o número de pacientes atendidos mês a mês em um ambulatório, durante o período de 6 meses de um determinado ano.

a) Escreva na tabela abaixo, o número de pacientes atendidos em cada mês:

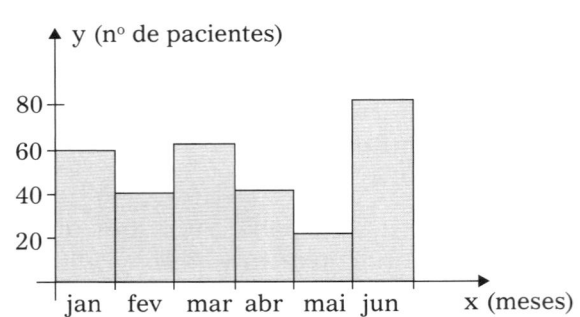

Mês	Número de paciente atendidos
Janeiro	
Fevereiro	
Março	
Abril	
Maio	
Junho	

b) Calcule o número total de pacientes atendidos durante esse semestre.

---

191 (UFPR – adaptado) O gráfico abaixo representa a quantidade aproximada de animais adotados ao longo de cinco anos em uma determinada cidade.

a) Preencha a tabela, com o número de animais adotados de cada ano.

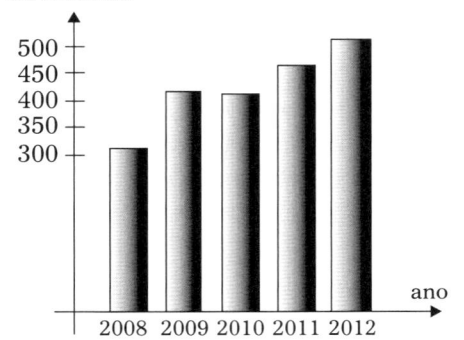

Ano	Número de animais adotados
2008	
2009	
2010	
2011	
2012	

b) Determine o número total de animais adotados nesse intervalo de tempo.

---

192 (ENEM) O dono de uma farmácia resolveu colocar à vista do público o gráfico mostrado a seguir, que apresenta a evolução do total de vendas (em Reais) de certo medicamento ao longo do ano de 2011.

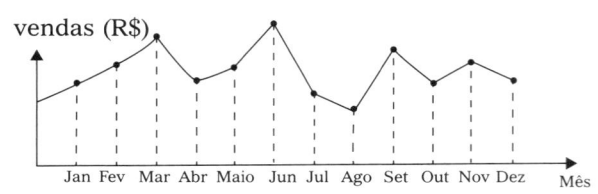

De acordo com o gráfico, os meses em que ocorreram, respectivamente, a maior e a menor venda absoluta em 2011 foram:

a) março e abril.
b) março e agosto.
c) agosto e setembro.
d) junho e setembro.
e) junho e agosto.

193 (UNESP) O número de ligações telefônicas de uma empresa, mês e mês, no ano de 2005, pode ser representado pelo gráfico.

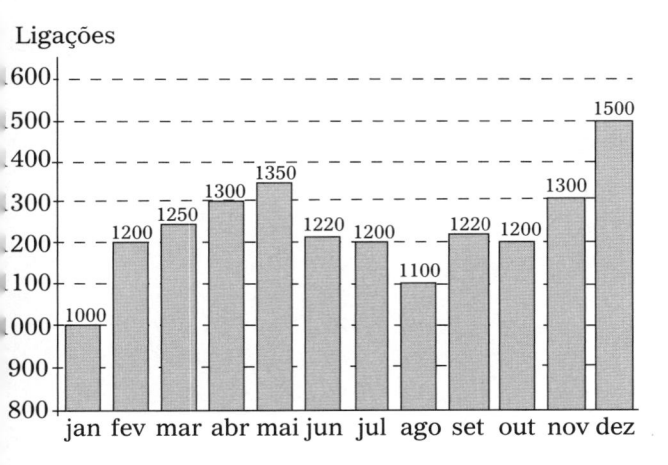

Com base no gráfico, pode-se afirmar que a quantidade total de meses em que o número de ligações foi maior ou igual à 1.200 e menor ou igual a 1.300 é:

a) 2   b) 4   c) 6   d) 7   e) 8

---

194 O Censo Demográfico é uma pequisa realizada pelo IBGE (Instituto Brasileiro de Geografia e Estatística) a cada dez anos. Através dele, reunimos informações sobre toda a população brasileira. O gráfico abaixo mostra-nos a população da cidade de São Paulo em cada um dos censos realizados, desde 1940 até 2010.

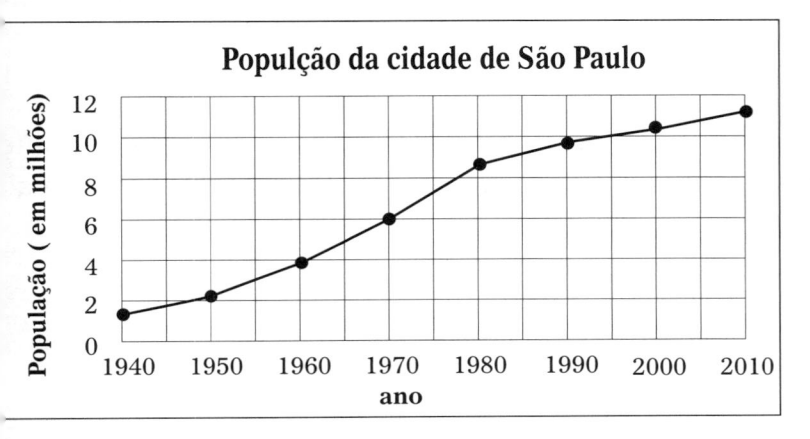

a) No ano de 1970, o Brasil foi tricampeão na copa do México. Qual era a população da cidade de São Paulo nesse ano?

b) Em que ano, aproxidamadamente, a população da cidade de São Paulo ultrapassou os 10 milhões de habitantes?

---

195 (UFPE) No gráfico a seguir, temos o nível da água armazenada em uma barragem, ao longo de três anos.

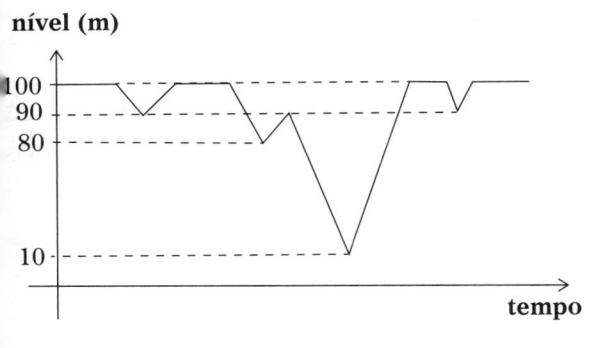

O nível de 40 m foi atingido quantas vezes neste período?

a) 1   b) 2   c) 3   d) 4   e) 5

196 (ENEM) O número de indivíduos de certa população é representado pelo gráfico abaixo:

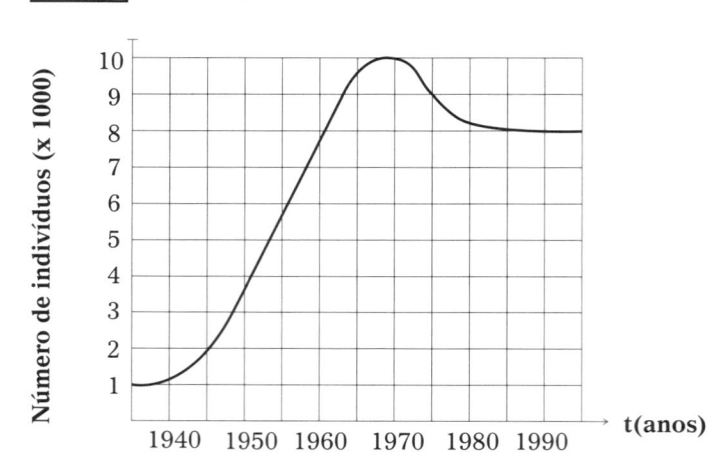

Em 1975, a população tinha um tamanho aproximadamente igual ao de:

a) 1960
b) 1963
c) 1967
d) 1970
e) 1980

197 (UFPB – adapatado) O gráfico a seguir representa a evolução da população P de uma espécie de peixes, em milhares de indivíduos, em um lago, após t dias do início das observações. No 150º dia, devido a um acidente com uma embarcação, houve um derramamento de óleo no lago, diminuindo parte significativa dos alimentos e do oxigênio e ocasionando uma mortandade que só foi controlada dias após o acidente.

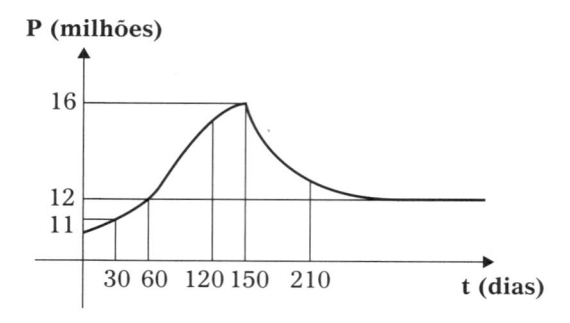

Com base no gráfico e nas informações apresentadas, julgue os itens a seguir, assinalando V (verdadeiro) ou F (falso) ao lado de cada uma das sentenças:

I) A população P de peixes é crescente até o instante do derramamento do óleo no lago.

II) A população P de peixes atinge um valor máximo em t = 150.

III) A população P de peixes, no intervalo (120, 210), atinge um valor mínimo em t = 120.

IV) A população de peixes tende a desaparecer, após o derramamento de óleo no lago.

198 (UFPE) O gráfico a seguir fornece o perfil do lucro de uma empresa agrícola ao longo do tempo, sendo 1969 o ano zero, ou seja, o ano de sua fundação. Analisando o gráfico, podemos afirmar que:

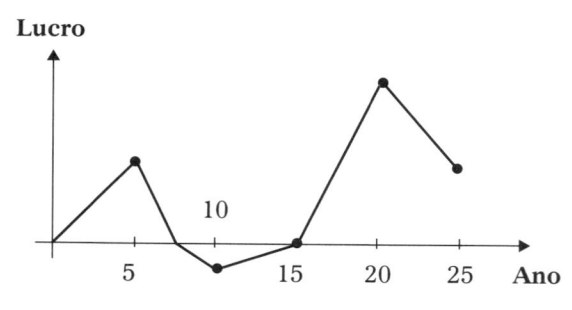

a) 10 foi o único ano que ela foi deficitária.
b) 25 foi um ano deficitário.
c) 15 foi um ano de lucro.
d) entre os anos 15 e 25 o lucro sempre cresceu.
e) 20 foi o ano de maior lucro.

199 O gráfico abaixo ilustra a preferência por gêneros de filmes, em uma pesquisa feita nos sextos anos de uma escola.

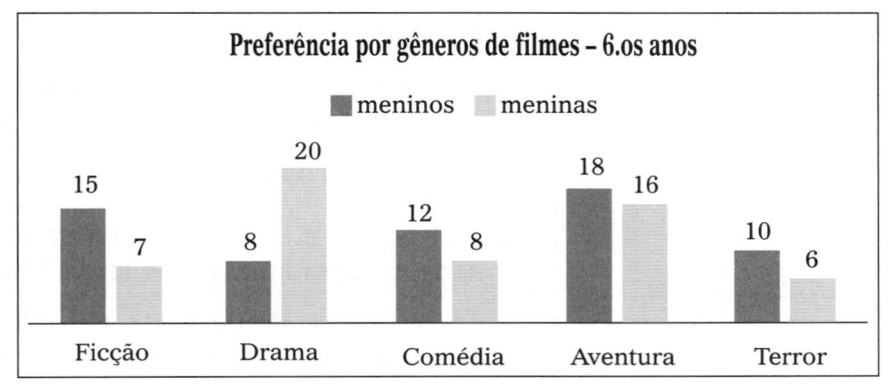

Preferência por gêneros de filmes – 6.os anos

meninos / meninas

Gênero	meninos	meninas
Ficção	15	7
Drama	8	20
Comédia	12	8
Aventura	18	16
Terror	10	6

a) Qual o gênero de filme que tem a maior preferência, entre os meninos?

b) Qual o gênero de filme que tem a menor preferência, entre as meninas?

c) Quantos meninos há no 6º ano?

d) Quantas meninas há no 6º ano?

e) Quantos alunos há no 6º ano?

f) Qual o único gênero de filme cuja preferência das meninas ultrapassa a dos meninos?

---

200 A tabela a seguir mostra a população brasileira de 1940 a 1990.

Ano	População brasileira em milhões de habitantes
1940	40
1950	50
1960	70
1970	90
1980	120
1990	145

Analisando as informações da tabela, podemos afirmar que:

a) em 1990 a população era o triplo da população em 1950.

b) de 1960 até 1980 a população dobrou.

c) em 1940 a população era um terço da população em 1980.

d) de 1960 a 1970 a população aumentou em 30 milhões de habitantes.

e) em 1960 a população era a metade da população em 1990.

---

201 O gráfico, a seguir, representa o faturamento mensal correspondente ao total de ganho menos o total de gastos de uma indústria automobilística.

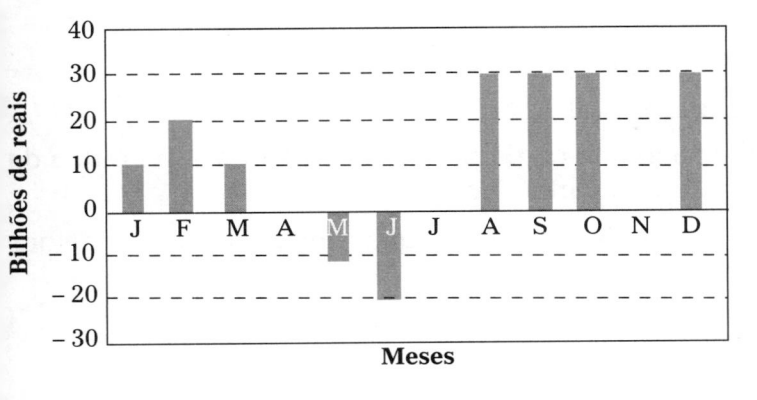

Analisando esse gráfico, é correto afirmar que o faturamento da empresa:

a) foi negativo no primeiro semestre.

b) foi negativo em março e nulo em novembro.

c) manteve-se constante entre junho e setembro.

d) diminuiu entre os meses de fevereiro e março.

Resp: **190** a) (01) 60, (02) 40, (03) 60, (04) 40, (05) 20, (06) 80   b) 300   **191** a) (08) 300, (09) 400, (10) 400, (11) 450, (12) 500
b) 2050   **192** E   **193** E   **194** a) 6 milhões   b) 1995   **195** B

202 Enquanto o número total de cheques utilizados no Brasil caiu nos últimos oito anos, o uso de cartões de crédito cresceu cada vez mais. Nas compras dos consumidores domésticos, o cartão já superou o cheque como meio de pagamento e sua participação vem crescendo.

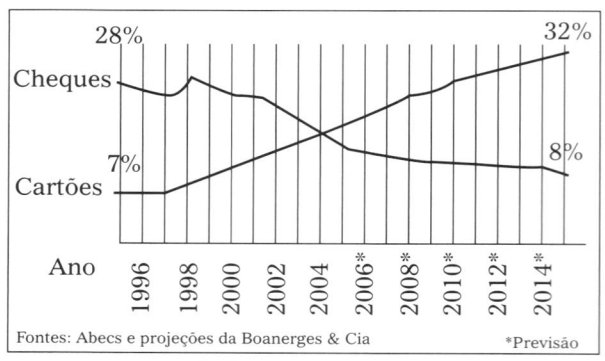

Observe o gráfico sobre o uso de cheques e cartões desde 1996 e sua previsão de uso até 2014.

Baseando nos dados apresentados, responda:

a) Em que ano o percentual de transações realizadas com cheque foi igual ao de realizadas com cartões?

b) "A utilização de cheques, em números percentuais, sempre diminuiu ao longo do período observado. "Isto é verdade?" Justifique a sua resposta.

Fontes: Abecs e projeções da Boanerges & Cia   *Previsão
(Revista "Veja", edição 1978, 18 de outubro de 2006)

---

203 (ENEM – adaptado) O gráfico fornece os valores das ações da empresa XPN, no período das 10 às 17 horas, num dia em que elas oscilaram acentuadamente em curtos intervalos de tempo.

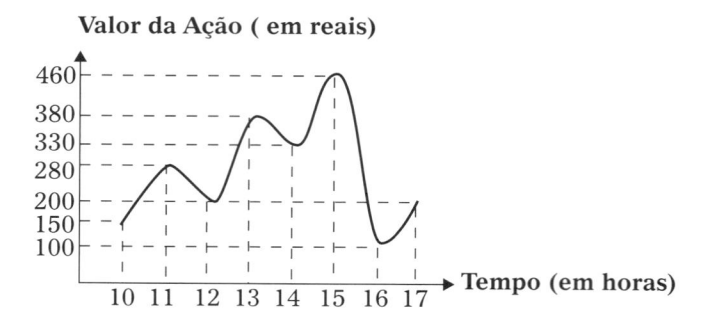

Investidor	Hora da compra	Hora da venda
1	10:00	15:00
2	10:00	17:00
3	13:00	15:00
4	15:00	16:00
5	16:00	17:00

Neste dia, cinco investidores compraram e venderam o mesmo volume de ações, porém em horários diferentes, de acordo com a seguinte tabela.

a) Preencha as colunas 2 e 3 da tabela abaixo, especificando o valor da ação na hora da compra e na hora da venda para cada um dos 5 investidores.

Investidor	Valor da ação na hora da Compra	Valor da ação na hora da Venda	Valor da perda ou ganho	Ganhou ou perdeu?
1				
2				
3				
4				
5				

b) Para cada um dos investidores, calcule o valor do ganho ou da perda, preenhendo a 4ª coluna da tabela acima. Na 5ª coluna, escreva se houve perda ou ganho, na venda das ações.

c) Com relação ao capital adquirido na compra e venda das ações, qual investidor fez o melhor negócio?

204 Uma escola tem 800 alunos no Ensino Médio, distribuídos de acordo com o gráfrico abaixo:

Alunos do Ensino Médio

- 1º ano
- 2º ano
- 3º ano

Determine o número de alunos em cada uma das séries.

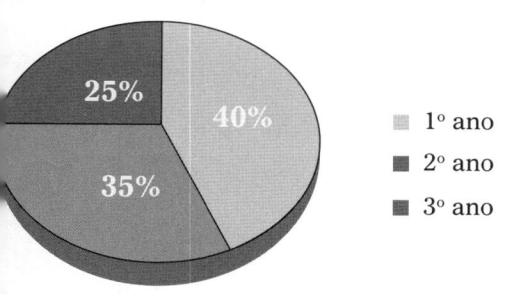

205 Em uma pesquisa de opinião, 500 pessoas foram entrevistadas sobre a intenção de voto a Presidente da República. O gráfico abaixo ilustra o resultado obtido pelos 3 candidatos A, B e C.

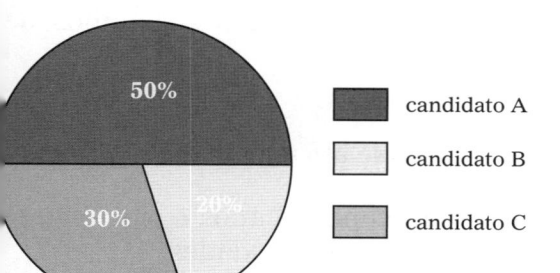

- candidato A
- candidato B
- candidato C

a) Determine o número de votos de cada um dos candidatos.

b) Determine a medida de cada um dos 3 ângulos assinalados na figura.

206 Os 200 alunos do 6º ano de uma escola fizeram uma prova na qual as notas poderiam ser 0, 1, 2, 3, 4 ou 5. O gráfico abaixo ilustra o resultado obtido nessa prova:

Notas da prova

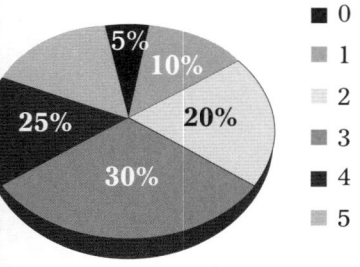

- 0
- 1
- 2
- 3
- 4
- 5

Quantos alunos tiraram nota 5?

---

esp: **196** B **197** (I) V, (II) V, (III) F, (IV) F **198** E
199 a) Aventura   b) Terror   c) 63   d) 57   e) 120   f) Drama   **200** C   **201** D

207 (ENEM) Uma pesquisa de opinião foi realizada para avaliar os níveis de audiência de alguns canais de televisão, entre 20h e 21h, durante uma determinada noite.

Os resultados obtidos estão representados no gráfico de barras a seguir. O número de residências atingidas nessa pesquisa foi aproximadamente de:

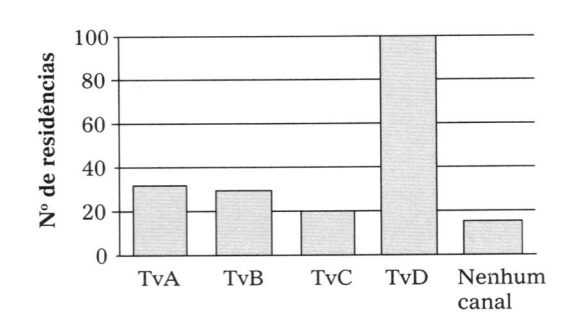

a) 100   b) 135   c) 150   d) 200   e) 220

208 (UFSCAR) Num curso de iniciação à informática, a distribuição das idades dos alunos, segundo o sexo, é dada pelo gráfico seguinte.

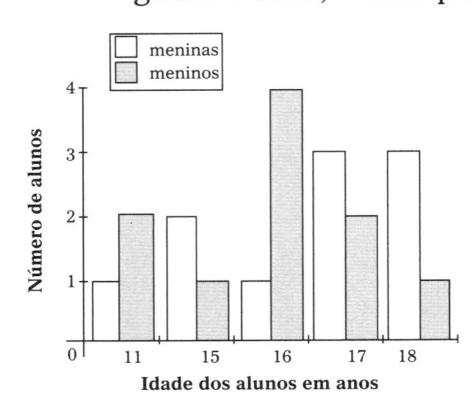

Com base nos dados do gráfico, pode-se afirmar que:

a) o número de meninas com, no máximo, 16 anos é maior que o número de meninos nesse mesmo intervalo de idades.

b) o número total de alunos é 19.

c) o número de meninos é igual ao número de meninas.

d) o número de meninos com idade maior que 15 anos é maior que o número de meninas nesse mesmo intervalo de idades.

209 (UFRN) O gráfico a seguir representa a taxa de desemprego na grande São Paulo, medida nos meses de abril, segundo o Dieese:

RECORDE NA GRANDE SÃO PAULO

Taxa de desemprego – meses de abril – Em %

Fonte: Dieese

Carta Capital, 05 de junho de 2002. Ano VIII, n° 192

Analisando o gráfico, podemos afirmar que a maior variação na taxa de desemprego na Grande São Paulo ocorreu no período de

a) abril de 1985 a abril de 1986.
b) abril de 1995 a abril de 1996.
c) abril de 1997 a abril de 1998.
d) abril de 2001 a abril de 2002.

210 Texto para as próximas 2 questões:

O tempo que um ônibus gasta para ir do ponto inicial ao ponto final de uma linha varia, durante o dia, conforme as condições do trânsito, demorando mais nos horários de maior movimento. A empresa que opera essa linha forneceu, no gráfico abaixo, o tempo médio de duração da viagem conforme o horário de saída do ponto inicial, no período da manhã.

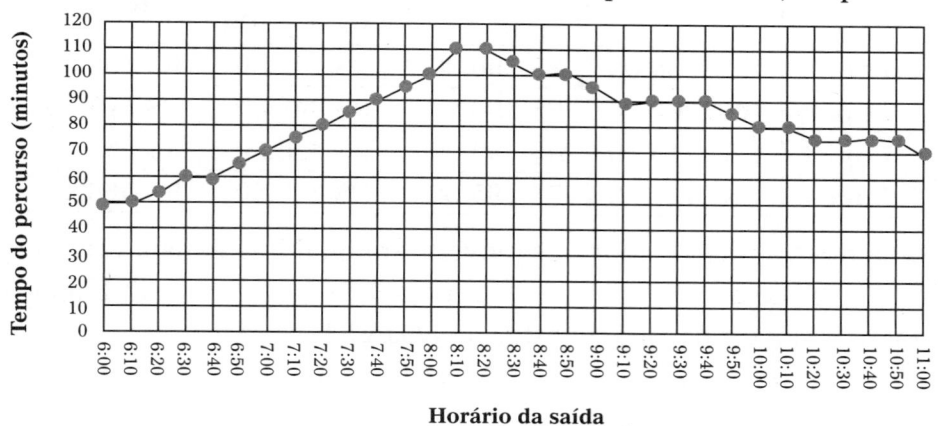

I) (ENEM) João e Antônio utilizam a mesma linha de ônibus para ir trabalhar, no período considerado no gráfico, nas seguintes condições:

- trabalham vinte dias por mês.
- João viaja sempre no horário em que o ônibus faz o trajeto no menor tempo;
- Antônio viaja sempre no horário em que o ônibus faz o trajeto no maior tempo;
- na volta do trabalho, ambos fazem o trajeto no mesmo tempo de percurso.

Considerando-se a diferença de tempo de percurso, Antônio gasta, por mês, em média,

a) 5 horas a mais que João.   b) 10 horas a mais que João.   c) 20 horas a mais que João.

d) 40 horas a mais que João.   e) 60 horas a mais que João.

II) (ENEM) De acordo com as informações do gráfico, um passageiro que necessita chegar até as 10h30min ao ponto final dessa linha, deve tomar o ônibus no ponto inicial, no máximo, até as:

a) 9h20min   b) 9h30min   c) 9h00   d) 8h30min   e) 8h50min

211 (UFRN – adaptado) Numa pesquisa de opinião, feita para verificar o nível de aprovação de um governante, foram entrevistadas 1000 pessoas, que responderam sobre a administração da cidade, escolhendo uma - e apenas uma - dentre as possíveis respostas: ótima, boa regular, ruim e indiferente. O gráfico abaixo mostra o resultado da pesquisa.

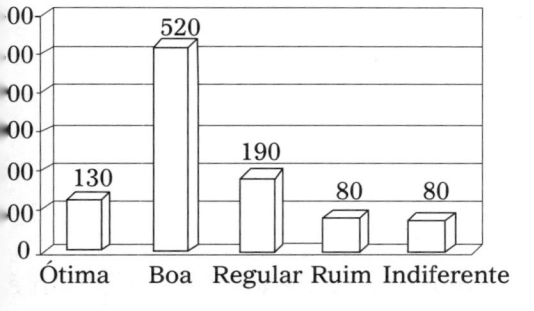

De acordo com o gráfico responda:

a) a probabilidade de selecionarmos uma pessoa que respondeu "boa" para administração da cidade:

b) a probabilidade de selecionarmos uma pessoa que respondeu "indiferente" para a administração da cidade:

c) a probabilidade de selecionarmos uma pessoa que respondeu "ótima" para a administração da cidade:

Resp: **202** a) 2004   b) Não, de 1997 a 1998 houve um aumento.

203 a, b) 1 (150, 460, 310, ganhou), 2(150, 200, 50, galhou), 3(380, 460, 80, ganhou),

4(460, 100, – 360, perdeu), 5 (100, 200, 100, ganhou)   c) Investidor 1

204 a) (1º) 320, (2º) 280, (3º) 200   **205** a) A: 250, B: 150, C: 100   b) 180º, 72º, 108º   **206** 20 alunos.

212 Considere a tabela a seguir para responder às questões I, II e III.

I) Rafaela pretende trocar os móveis de sua sala no final deste ano. Ela fez uma pesquisa de preços dos móveis em três lojas diferentes, conforme dados da tabela:

	Sofá	Painel para tv	Aparador com espelho	Rack
Loja 1	R$ 1850,00	R$ 190,00	R$ 142,50	R$ 550,00
Loja 2	R$ 2300,00	R$ 250,00	R$ 347,80	R$ 449,00
Loja 3	R$ 2115,00	R$ 199,00	R$ 225,30	R$ 567,70
Loja 4	R$ 2100,00	R$ 195,00	R$ 220,50	R$ 560,90

Considerando a soma dos valores de todos os móveis, em qual loja é mais vantajoso comprar?

a) Loja 1. b) Loja 2. c) Loja 3. d) Loja 4.

II) Qual o valor total dos móveis da sala de estar na LOJA 3?

a) R$ 2732,50. b) R$ 3107,00. c) R$ 3158,00. d) R$ 3346,80.

III) Se optar por comprar todos os móveis na mesma loja e escolher a de menor valor considerando todos os itens, qual será a sua economia em relação à loja de maior valor?

a) R$ 165,30. b) R$ 239,80. c) R$ 374,50. d) R$ 614,30.

213 Mirella é coordenadora pedagógica de uma escola e, preocupada com a infrequência de seus alunos do 6º e 9º ano, observou as faltas diárias ao longo de um mês e computou a média da infrequência no gráfico de linhas a seguir:

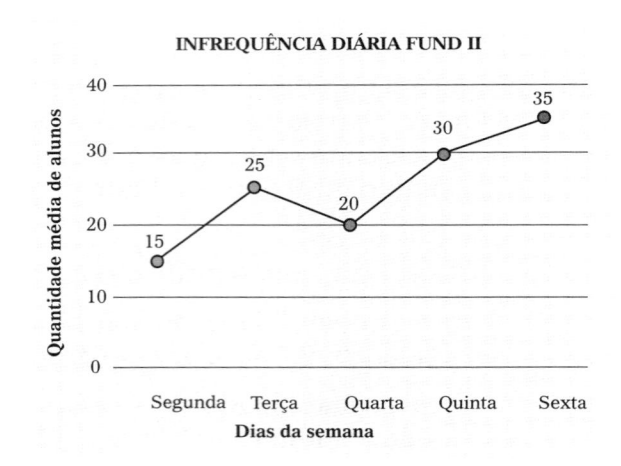

INFREQUÊNCIA DIÁRIA FUND II

Com base no gráfico, é possível afirmar que o dia da semana que os alunos menos faltam é

a) segunda-feira. b) terça-feira. c) quarta-feira. d) sexta-feira.

214 Considere o texto e tabela a seguir para responder às questões I e II.

George, diretor de esporte do Grêmio Estudantil de sua escola, fez uma pesquisa com os alunos do Ensino Fundamental II sobre o esporte preferido por seus colegas. Os dados obtidos ele condensou na seguinte tabela:

	Meninos	Meninas
FUTEBOL	38	15
VÔLEI	20	19
HANDBOL	-	8
BASQUETE	13	4

I) Considerando o total de meninos e meninas, é correto afirmar que o esporte preferido é:

a) Basquete. b) Futebol. c) Handbol. d) Vôlei.

II) Com base na tabela e sabendo que todos os alunos do 6º ao 9º ano participaram da pesquisa, quantos são os alunos do ensino fundamental II da escola de George?

a) 98 alunos. b) 107 alunos. c) 117 alunos. d) 121 alunos.

215 Observe o gráfico dos exercícios preferidos pelas clientes da Academia Sempre Bela.

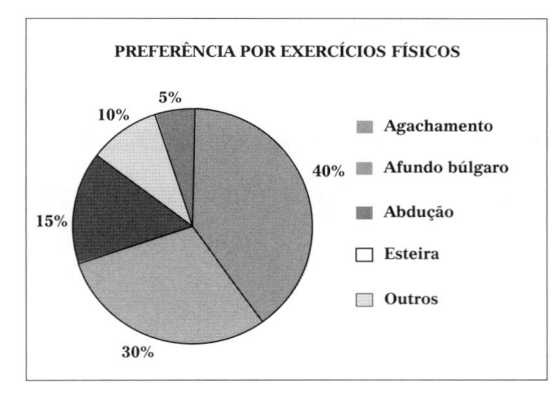

Pelo gráfico, é possível afirmar que o exercício preferido pelas clientes desta academia é:

a) Esteira. b) Abdução. c) Agachamento. d) Afundo búlgaro.

Resp: **207** D **208** C **209** C **210** (I) C, (II) D **211** a) $\frac{13}{25}$ b) $\frac{2}{25}$ c) $\frac{13}{100}$

216 Observe o gráfico das disciplinas preferidas pelos alunos do 6º ano da escola JFR.

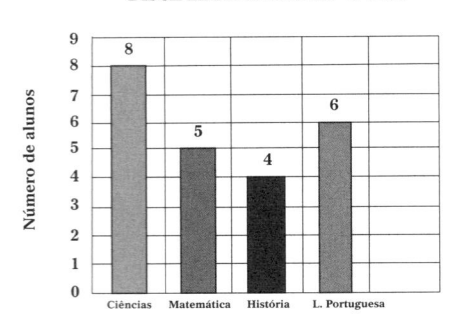

DISCIPLINA PREFERIDA – 6º ANO

(Gráfico: Ciências 8, Matemática 5, História 4, L. Portuguesa 6)

Assinale a tabela que associa corretamente os dados apresentados no gráfico.

a)
Disciplinas	Votos
Ciências	8
Matemática	6
História	5
L. Portuguesa	4

b)
Disciplinas	Votos
Ciências	8
Matemática	5
História	4
L. Portuguesa	6

c)
Disciplinas	Votos
Ciências	8
Matemática	4
História	5
L. Portuguesa	6

d)
Disciplinas	Votos
Ciências	6
Matemática	4
História	5
L. Portuguesa	8

217 O gráfico a seguir representa os estilos musicais preferidos pela turma do 7º ano de uma escola.

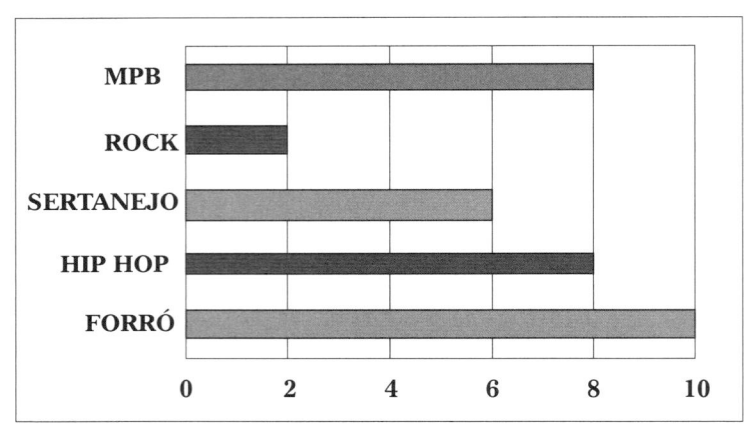

(Gráfico de barras horizontais: MPB 8, ROCK 2, SERTANEJO 6, HIP HOP 8, FORRÓ 10)

Pela leitura do gráfico, pode-se afirmar corretamente que

a) o estilo musical preferido pela turma é hip hop.

b) a maioria dos alunos dessa turma prefere forró a outros estilos musicais.

c) a quantidade de alunos que prefere hip hop é igual à quantidade que optou por forró.

d) o estilo musical menos ouvido é sertanejo.

V - TÓPICOS DE GEOMETRIA

1 – Áreas de alguns polígonos

1) Triângulos

Escaleno
Três lados de medidas diferentes

Isósceles
Dois lados de medidas iguais

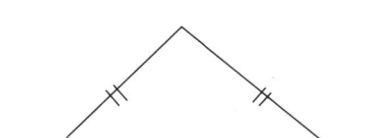

Equilátero
Três lados com a mesma medida

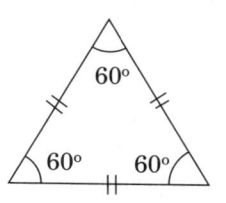

Triângulo retângulo

É aquele que tem um ângulo reto. O lado oposto ao ângulo reto chama-se **hipotenusa** e os outros dois são os **catetos**.

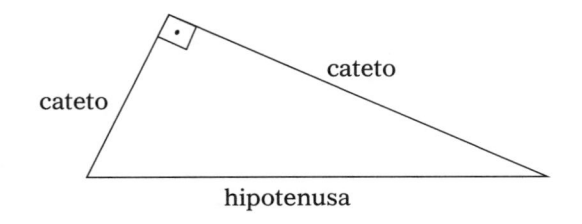

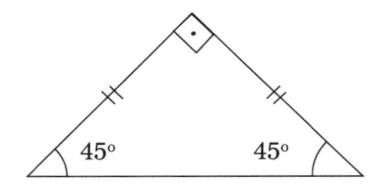

2) Trapézios: Têm dois lados paralelos.

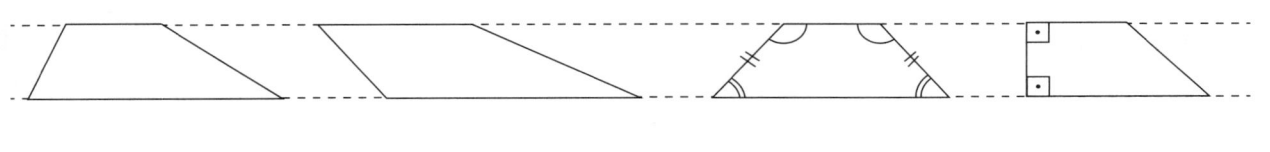

escaleno   escaleno   isósceles   T. retângulo

3) Paralelogramos: Têm lados opostos paralelos.

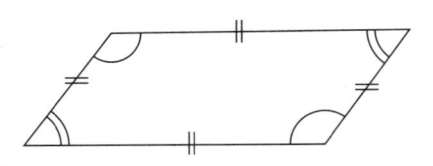

Lados opostos: têm medidas iguais.

Ângulos opostos: têm medidas iguais.

Losango: tem lados de medidas iguais.

Retângulo: tem ângulos retos (90° cada).

Quadrado: É simultaneamente losango e retângulo.

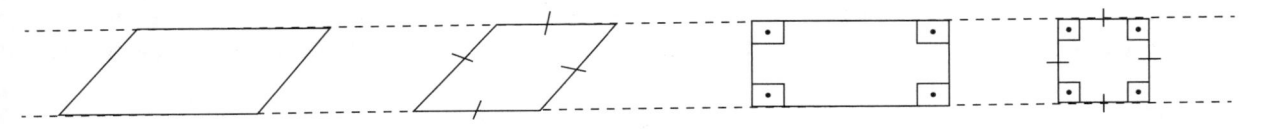

qualquer   losango   retângulo   quadrado

As diagonais do quadrado e do losango são perpendiculares.

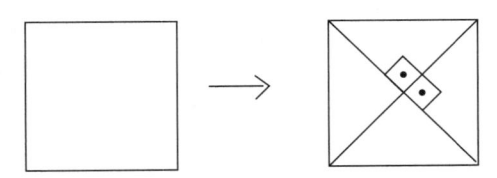

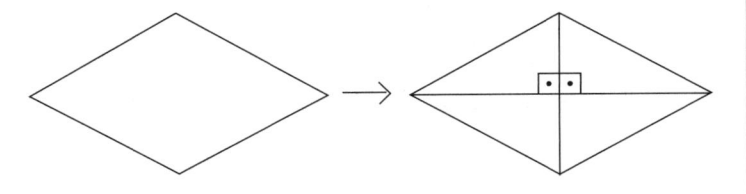

4) Unidade de área

No sistema internacional (SI) de medidas, o metro quadrado (m^2) é a unidade de área adotada. Esta também será usada para expressar áreas de terrenos para construção de casas, prédios, para áreas de apartamento, etc. Para área de cidades, estados, países, usamos o quilômetro quadrado km^2. Reveja algumas transformações:

1 km = 1000 m, 1 hm = 100 m, 1 dam = 10 m, 1 dm = 0,1 m, 1 cm = 0,01 m e 1 mm = 0,001 m.

$1\ km^2 = (1000\ m)^2 = 1\,000\,000\ m^2$, $1\ hm^2 = (100\ m)^2 = 10\,000\ m^2$, $1\ dam^2 = (10\ m)^2 = 100\ m^2$,

$1\ dm^2 = (0,1\ m)^2 = 0,01\ m^2$, $1\ cm^2\ (0,01\ m)^2 = 0,0001\ m^2$ e $1\ mm^2 = (0,001\ mm)^2 = 0,000001\ m^2$.

Em verdadeira grandeza, observe 1 mm^2, 1 cm^2 e 1 dm^2.

■ ←—1 mm^2

↑
1 cm^2

É fácil observar que:

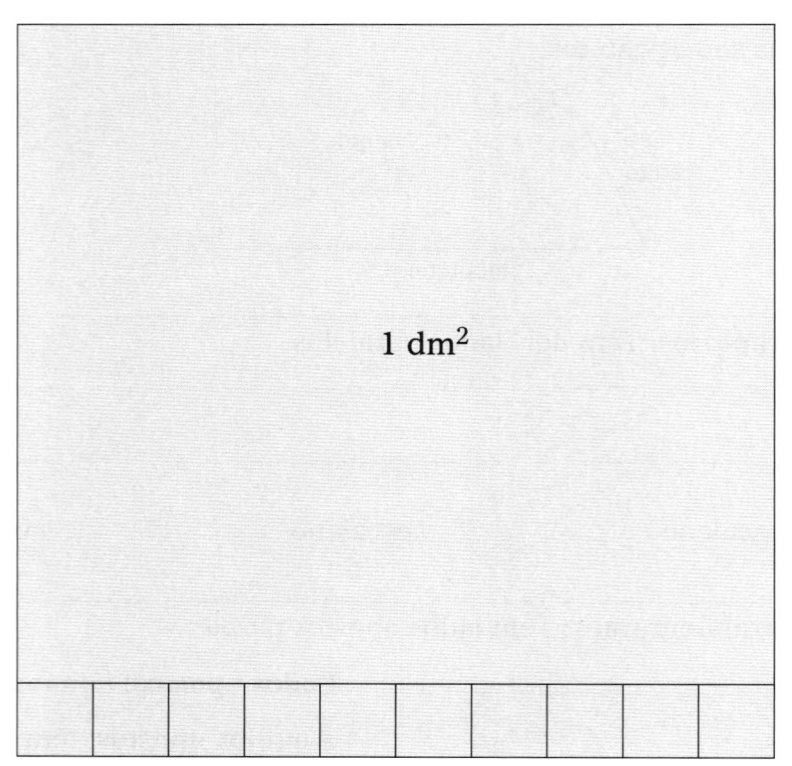

1 cm^2 = 100 mm^2

1 dm^2 = 100 cm^2

1 dm^2

1 dm

1 dm = 10 cm

5) Fórmulas (Área = A ou Área = S)

a) Área de um quadrado de lado **a**.

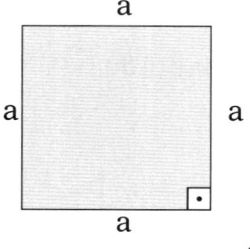

$A = a \cdot a \Rightarrow A = a^2$

b) Área de um retângulo de lados **a** e **b**.

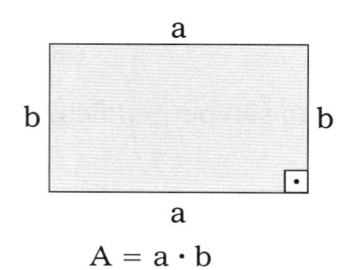

$A = a \cdot b$

c) Área de um paralelogramo de lado **a** e altura relativa a ele h.

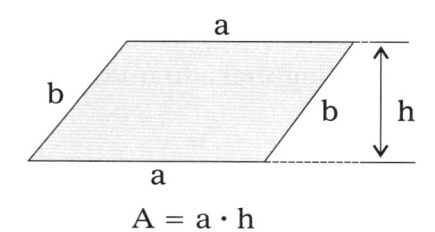

$A = a \cdot h$

d) Área de losango de diagonais **D** e **d**.

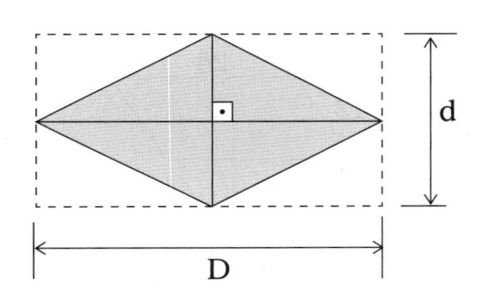

$$A = \frac{D \cdot d}{2}$$

e) Área de trapézio com bases **a** e **b** e altura h.

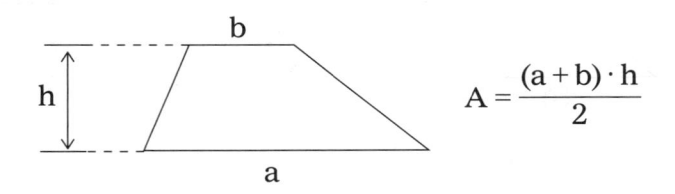

$$A = \frac{(a+b) \cdot h}{2}$$

f) Área de triângulo retângulo com catetos **b** e **c**.

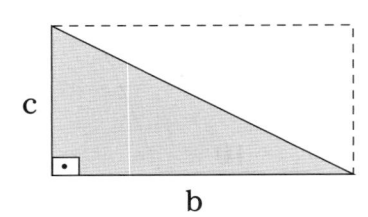

$$A = \frac{b \cdot c}{2}$$

g) Área de triângulo com lado **a** e altura relativa a ele **h**.

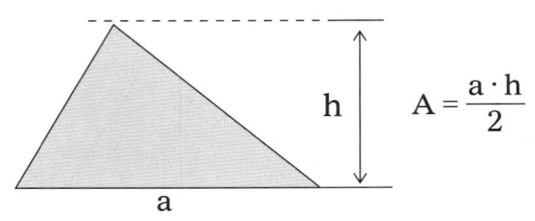

$$A = \frac{a \cdot h}{2}$$

218 Em cada cada caso temos um retângulo com os lados com números inteiros de centímetros. Traçar os segmentos que determinam nele os centímetros quadrados que determinam a sua área. E determinar a sua área.

a)

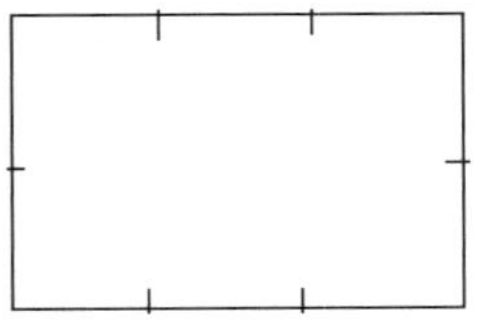

b)

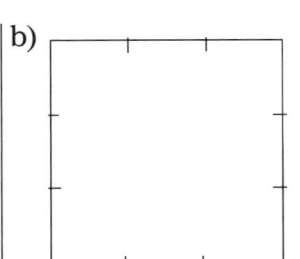

c)

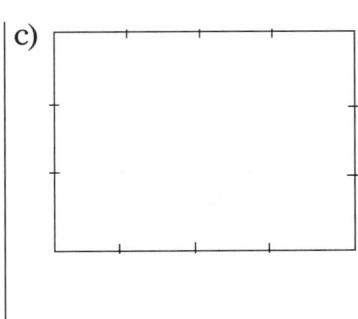

219 Determine as áreas dos seguintes retângulos. As figuras não estão em verdadeira grandeza, nem em escala. As figuras são esboços.

Considere que os números próximos aos segmentos são as suas medidas em metros (m).

a) 4, 6

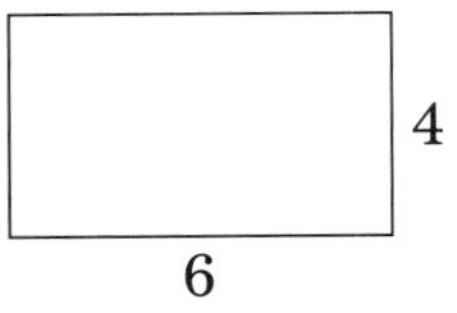

b) 8, 8

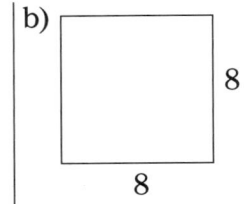

c) 12, 6

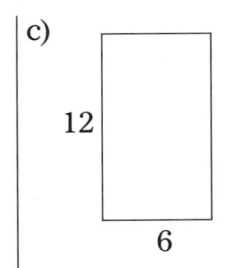

d) 9, 16

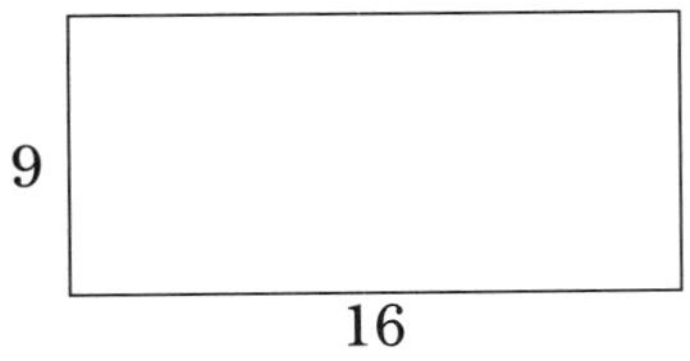

e) 12, 25

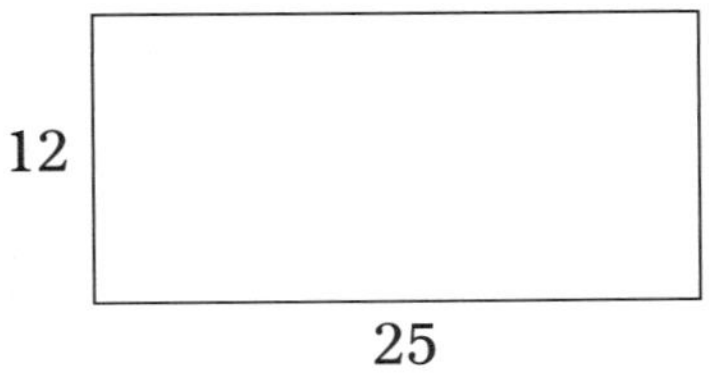

220 Determinar as áreas dos seguintes paralelogramos. As figuras não estão em escala (nem em v.g.). Se nada for dito em contrário, considere nos exercícios que os números próximos aos segmentos são as suas medidas em metros.

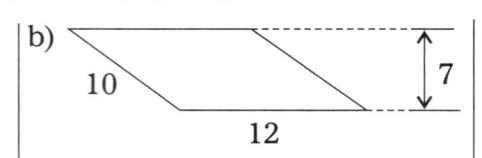

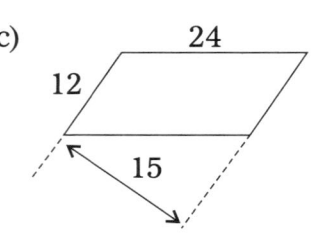

a) [paralelogramo com base 10 e altura 8]

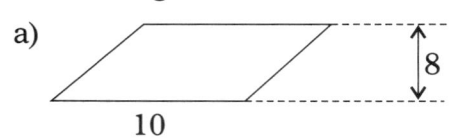

b) [paralelogramo com lado 10, base 12 e altura 7]

c) [paralelogramo com base 24, lado 12 e altura 15]

d) [paralelogramo com lado 24, base 18 e projeção 12]

e) [paralelogramo com lados 8, 8, 8, 8 e altura 6]

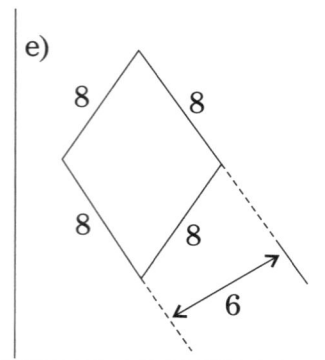

f) [paralelogramo com lado 18, base 10 e projeção 9]

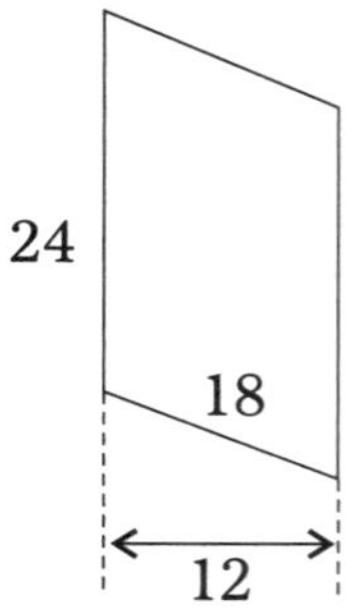

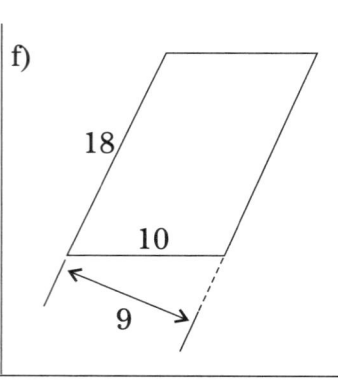

221 Determinar a área do losango nos casos:

a) [losango com diagonal 18 e altura 12]

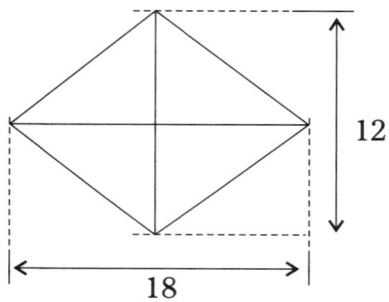

b) [losango com lados 10 e semidiagonais 6 e 8]

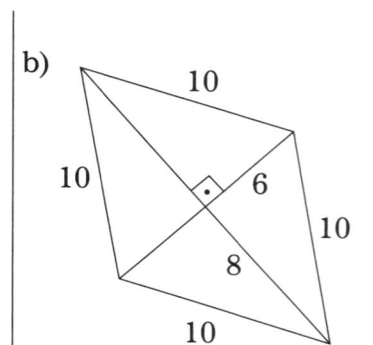

222 Dadas as bases e altura, determinar a área do trapézio, nos casos:

a) [trapézio com bases 12 e 18, altura 7]

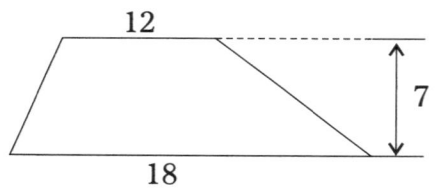

b) [trapézio com bases 6 e 17, altura 8]

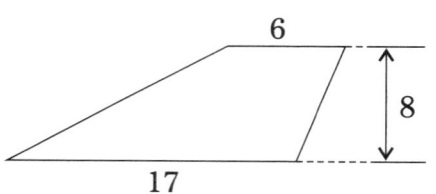

c) Trapézio isósceles [bases 12 e 17, altura 8]

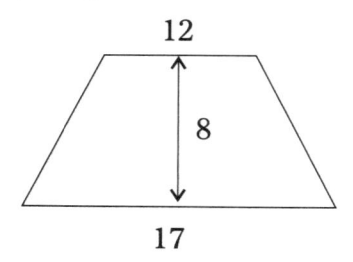

d) Trapézio retângulo [bases 11 e 20, altura 18]

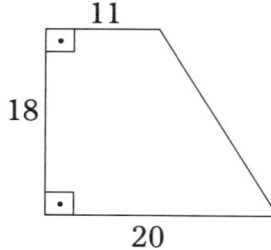

223 Determinar a área dos seguintes triângulos:

a) base 8, altura 9

b) base 10, altura 8

c) catetos 6 e 8, hipotenusa 10

d) catetos 12 e 5, hipotenusa 13

e) catetos 15 e 20, hipotenusa 25

f) base 5+9, altura 8

g) catetos 8 e 3, hipotenusa 10 (referente à altura)

h) catetos 6 e 7, com base 16

i) catetos 5 e 12, altura 10

j) base 8, altura 7

k) 12, 10, 8

l) catetos 6 e 8, lado 12

224 Determinar a área do quadrilátero ABCD, de diagonais perpendiculares.

AO = 6, OC = 10, OD = 4, OB = 5

Resp: **218** a) 6 cm²   b) 9 cm²   c) 12 cm²   **219** a) 24 m²   b) 64 m²   c) 72 m²   d) 144 m²   e) 300 m²

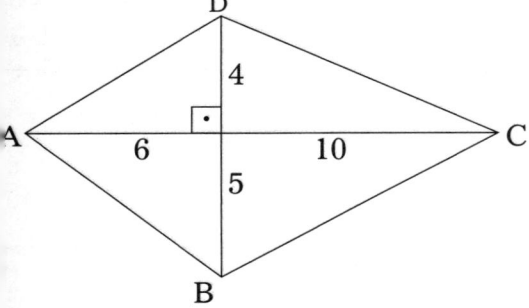

111

225 Sabendo que ABCD é retângulo, determinar a área do triângulo APQ, nos casos:

a)

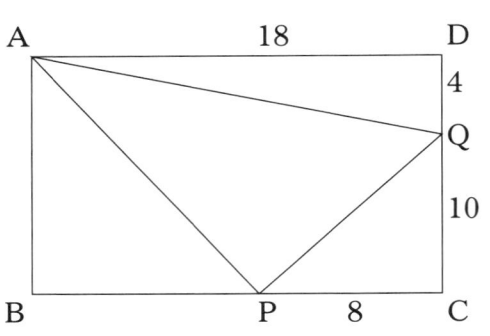

```
A ——— 18 ——— D
              4
              Q
              10
B ——— P — 8 — C
```

b)

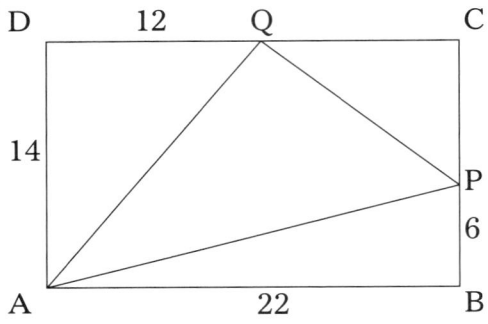

```
D — 12 — Q ————— C
                  
14                P
                  6
A ————— 22 ————— B
```

226 Se ABCD é um retângulo, determinar a área do quadrilátero APQR, nos casos:

a)

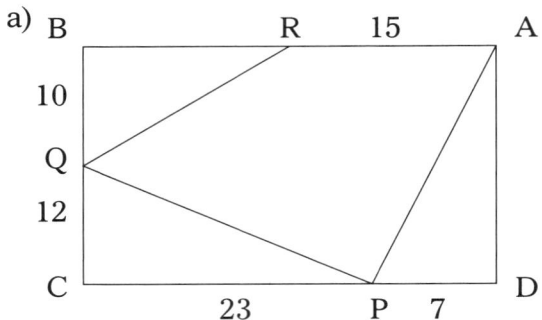

```
B ——— R — 15 — A
10
Q
12
C ——— 23 — P — 7 — D
```

b)

```
B ——— 10 — R ——— A
                  12
18                P
C — 6 — Q — 20 — D
```

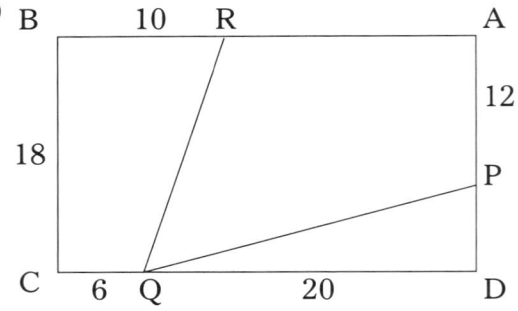

227 Determinar a área do

a) Quadrilátero ABCD com $\hat{B} = \hat{D} = 90°$

```
A
   20
24      D
         15
B — 7 — C
```

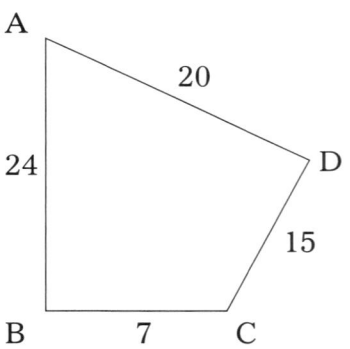

b) Pentágono ABCDE com $\hat{C} = \hat{D} = 90°$

```
        A
B           E  9
 4          4
C — 12 — D
```

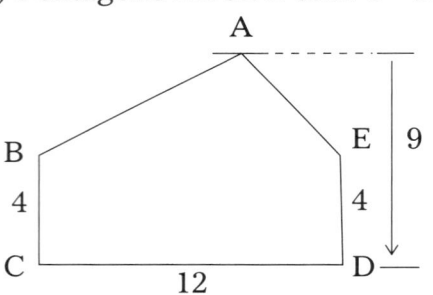

c) Hexágono APQCRS sabendo que ABCD é um retângulo.

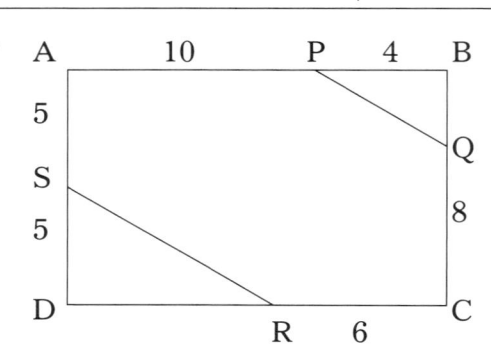

```
A — 10 — P — 4 — B
5
              Q
S             8
5
D ———— R — 6 — C
```

228 Em cada caso temos um plano cartesiano. Determinar a área do triângulo cujos vértices estão plotados. Considere que cada quadradinho da malha é a unidade de área (ua).

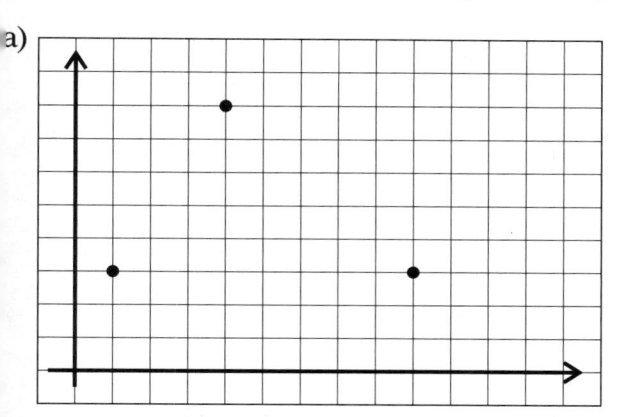

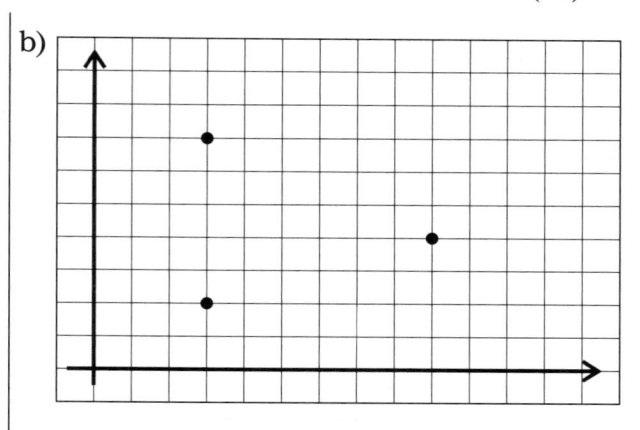

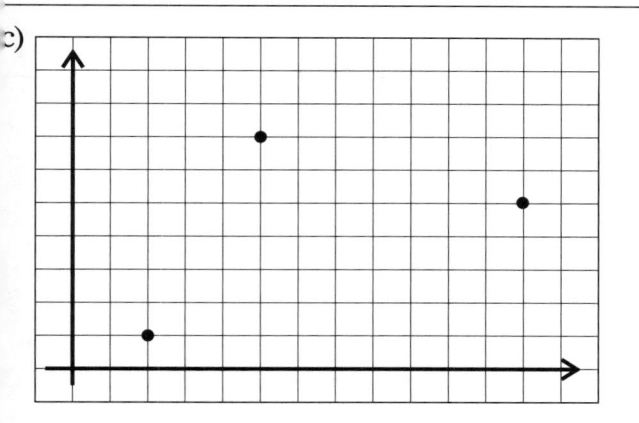

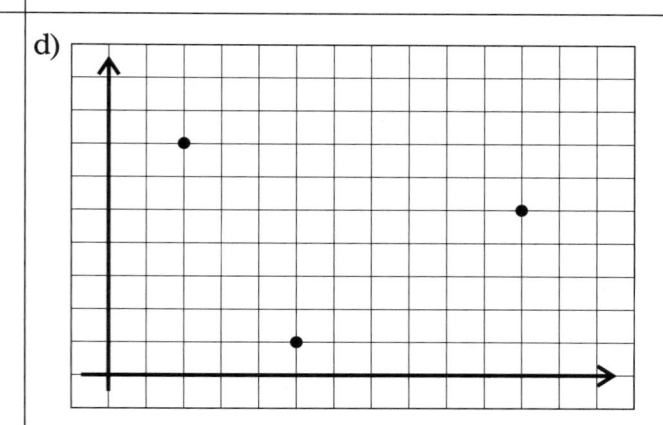

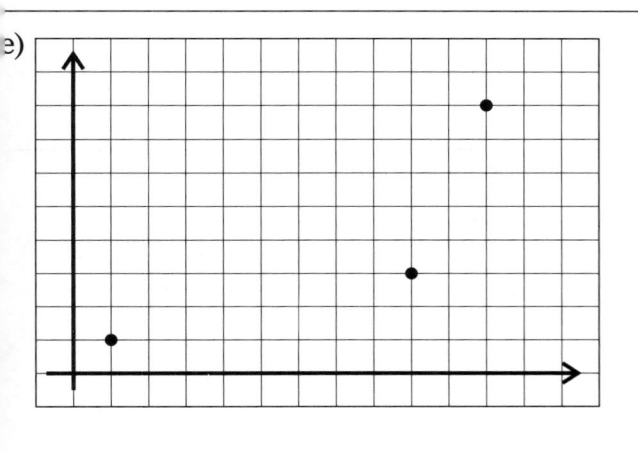

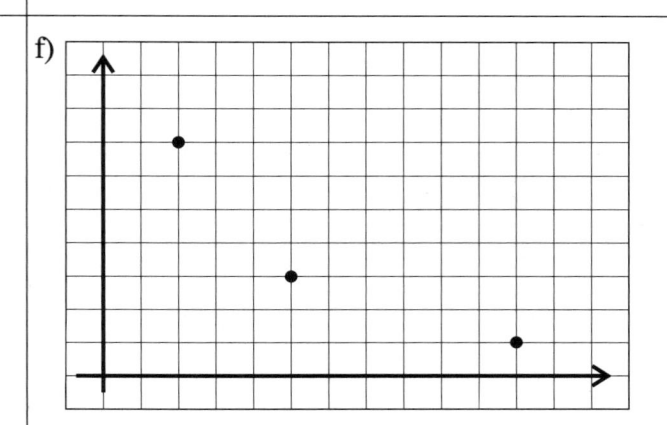

a)

b)

c)

d)

e)

f)

Resp: **220** a) 80 m² b) 84 m² c) 180 m² d) 288 m² e) 48 m² f) 162 m²
221 a) 108 m² b) 96 m² **222** a) 105 m² b) 92 m² c) 116 m² d) 279 m²
223 a) 36 m² b) 40 m² c) 24 m² d) 30 m² e) 150 m² f) 56 m² g) 55 m²
h) 104 m² i) 85 m² j) 28 m² k) 48 m² l) 60 m² **224** 72 m²

229 Determinar a área do triângulo ABC, nos casos:
Ponto (a, b), considerar **a** na horizontal e **b** na vertical.

a) A(3, 2), B(10, 2), C(7, 8)

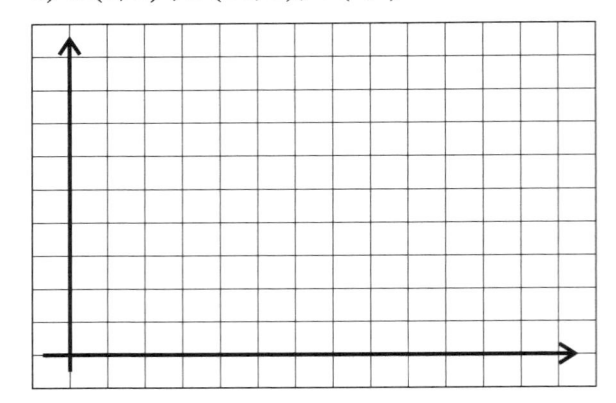

b) A(9, 2), B(9, 8), C(1, 4)

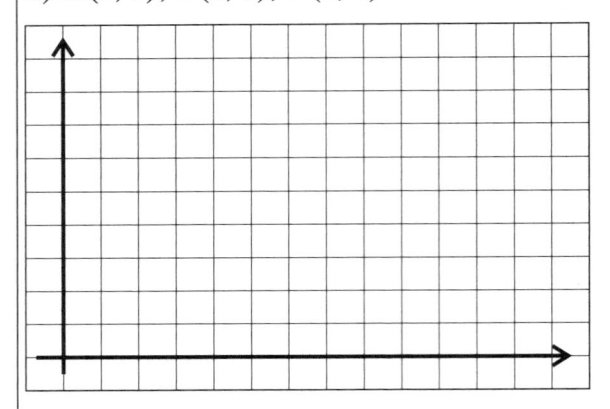

c) A(0, 6), B(12, 2), C(9, 8)

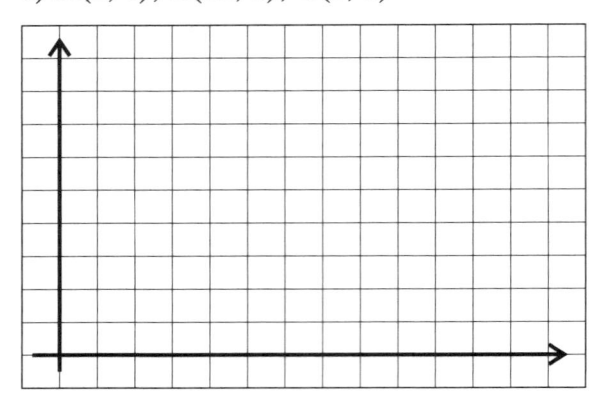

d) A(7, 0), B(12, 8), C(2, 4)

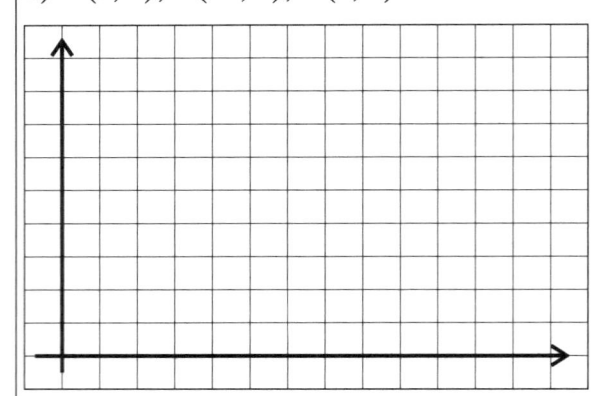

e) A(1, 0), B(9, 2), C(12, 8)

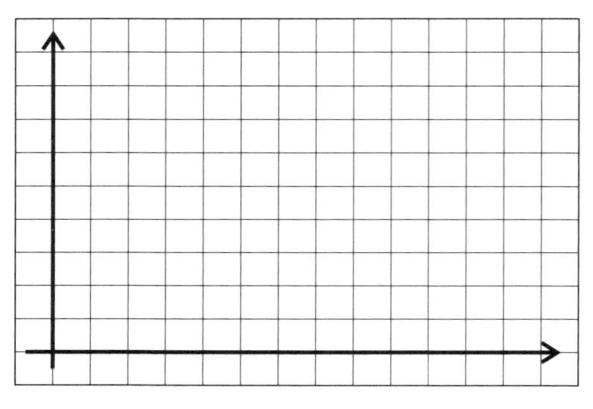

f) A(1, 7), B(4, 3), C(11, 1)

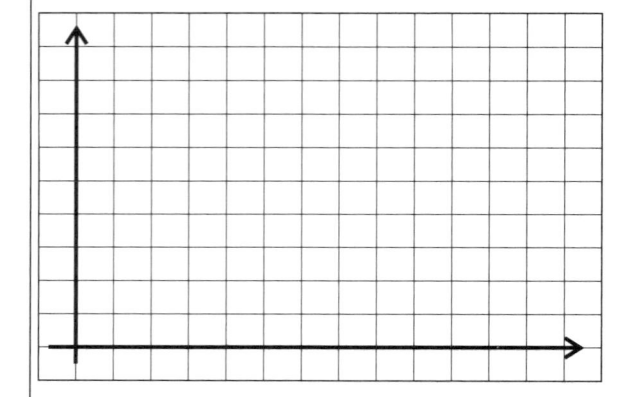

230 Determinar a área do polígono convexo, nos casos:

Ponto (a, b), **a** na horizontal e **b** na vertical.

a) Quadrilátero ABCD, com A(2, 6), B(5, 2), C(13, 4) e D(6, 10).

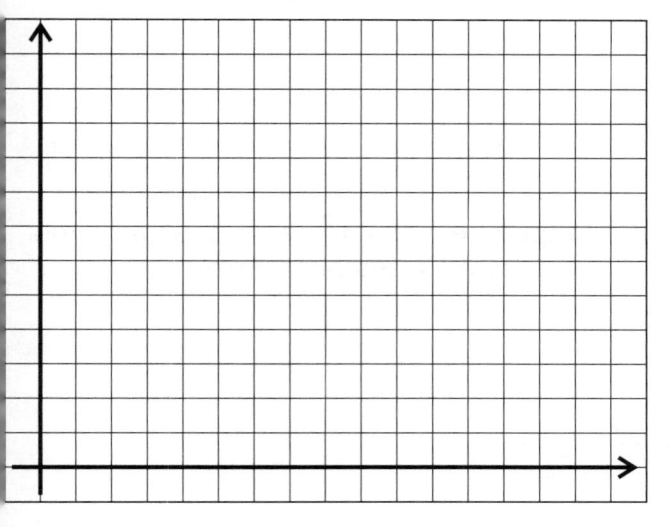

b) Pentágono ABCDE, com A(8, 2), B(14, 5), C(10, 10), D(5, 10) e E(2, 6).

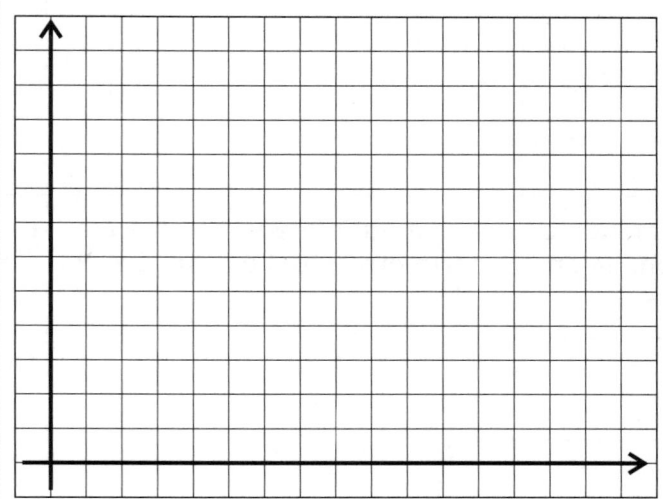

c) Pentágono ABCDE, com A(6, 2), B(14, 4), C(11, 9), D(4, 10) e E(1, 5).

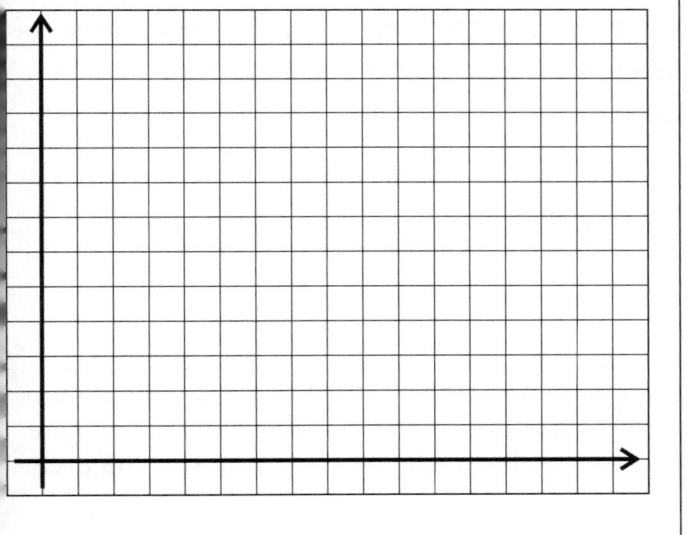

d) Hexágono ABCDEF com A(5, 2), B(9, 3), C(12, 7), D(10, 10), E(5, 10) e F(2, 7).

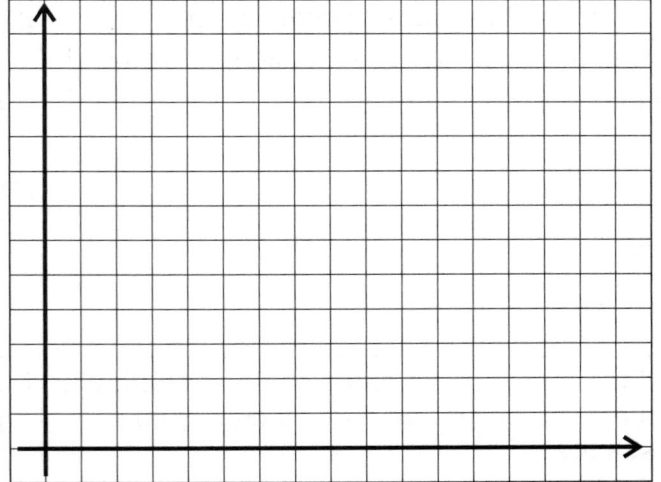

Resp: **225** a) 106 m² b) 118 m² **226** a) 370 m² b) 264 m² **227** a) 234 m² b) 78 m² c) 116 m²
228 a) 20 ua b) 15 ua c) 24 ua d) 24 ua e) 18 ua² f) 9 ua

231 Resolver:

a) Um quadrado tem 28 cm de perímetro. Qual é a sua área?

b) Um quadrado tem 100 cm² de área. Qual é o seu perímetro?

c) Um lado de um retângulo mede 12 cm e ele tem 44 cm de perímetro. Qual é a sua área?

d) Um retângulo tem 48 cm² de área. Se um lado mede 6 cm, qual é o seu perímetro?

e) A soma de dois lados adjacentes de um retângulo é 34 cm e um destes lados excede o outro em 2 cm. Qual é a área deste retângulo?

f) A soma de dois lados opostos de um retângulo é 28 cm e o perímetro dele é de 48 cm. Qual é a área deste retângulo?

g) A soma de dois lados opostos de um retângulo é 12 cm e ele tem 60 cm² de área. Qual é o seu perímetro?

h) Um retângulo tem perímetro de 40 cm e um lado excede outro em 4 cm. Determinar a sua área.

i) A diferença entre os lados de dois retângulos é 5 e o seu perímetro é de 50 cm. Qual é a sua área?

j) A soma de um lado e altura relativa a ele de um paralelogramo é 17 cm e a diferença entre este lado e esta altura é 3 cm. Determinar a sua área.

k) A soma das diagonais de um losango é 32 cm e a diferença delas é 8 cm. Determinar a sua área.

232 Resolver:

a) A soma das medidas das bases de um trapézio é 30 cm e a sua altura é 12 cm. Qual é sua área?

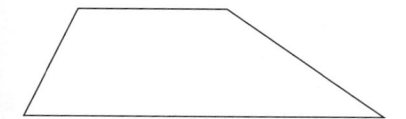

b) A soma das medidas das bases de um trapézio é 28 cm e uma excede a outra em 12 cm. Qual é a sua área, sea base menor excede a altura em 2 cm.

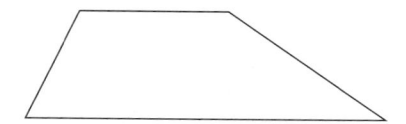

c) As bases de um trapézio retângulo medem 10 cm e 15 cm e o lado oblíquo excede a altura em 1 cm. Se ele tem 50 cm de perímetro, qual é a sua área?

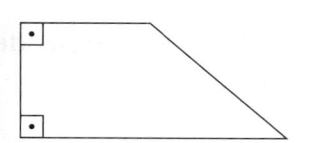

d) A base maior de um trapézio retângulo mede 13 cm e o lado oblíquo as bases mede 10 cm. O perímetro dele é de 34 cm e a b altura excede a base menor em 1 cm. Qual é a sua área?

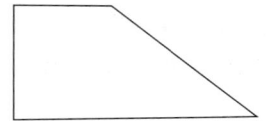

233 As diagonais de um quadrilátero são perpendiculares. Determinar a sua área, nos casos:

a) Elas medem 12 cm e 20 cm.

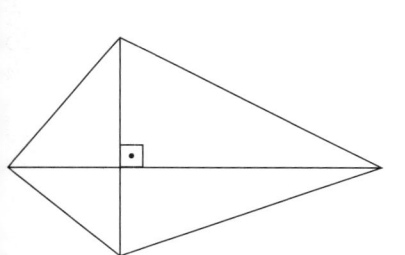

b) A soma delas é 35 cm e uma excede a outra em 15 cm.

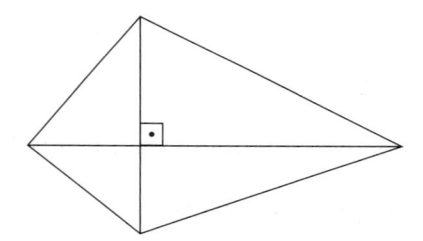

234 Os lados um retângulo têm as medidas expressas por números inteiros de centímetros. Se este retângulo tem 24 cm² de área, qual é o seu perímetro?

resp: **229** a) 21 ua b) 24 ua c) 30 ua d) 30 ua e) 21 ua f) 11 ua   **230** a) 58 ua b) 59 ua c) 67 ua d) 54 ua

2 – Esquadros

Para traçar retas paralelas, retas perpendiculares, construir ângulos de 90°, 60°, 45°, 30° e ângulos que sejam soma ou diferença desses, usamos o **jogo de esquadros**.

Esquadros de 45°

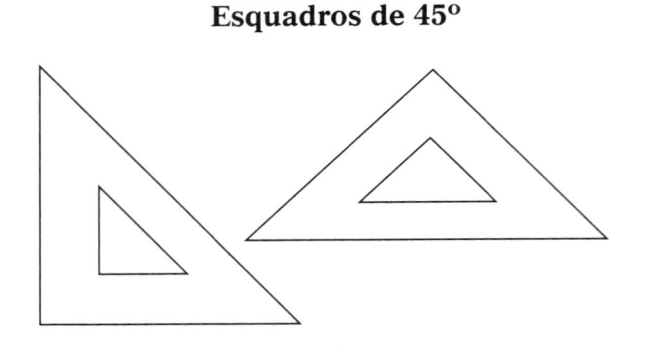

Esquadros de 60° e 30°

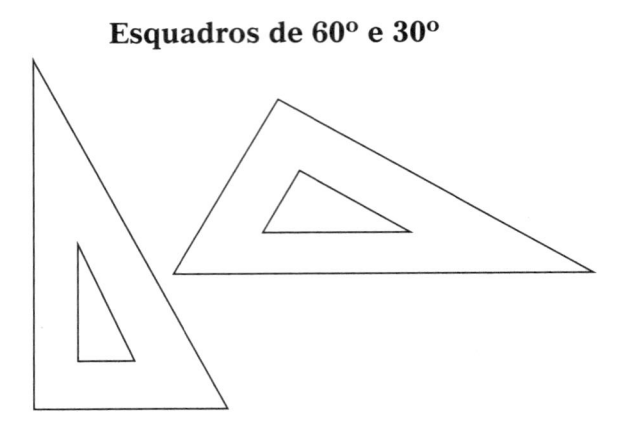

Obs.: Em outro ano vamos também estudar o traçado de retas paralelas e de retas perpendiculares, usando apenas régua e compasso.

As bordas de um esquadro de 45° formam um ângulo de 90° e dois de 45° e as bordas de um esquadro de 60° e 30° formam um ângulo de 90°, um de 60° e um de 30°.

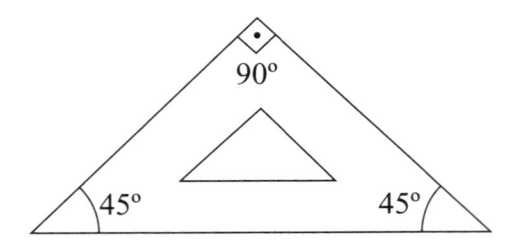

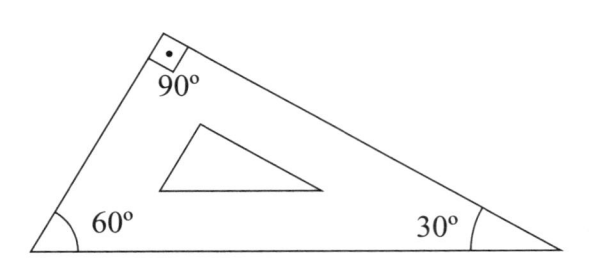

Obs.: 1) O jogo de esquadros é formado por um de 45° e um de 60° de modo que a hipotenusa do de 45° seja igual ao cateto maior do de 60°.

2) Com dois esquadros de 45° podemos formar um quadrado.

3) Com dois esquadros de 60° podemos formar um triângulo equilátero.

O jogo   **O quadrado** 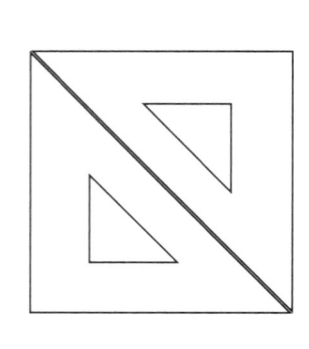   **O triângulo equilátero**

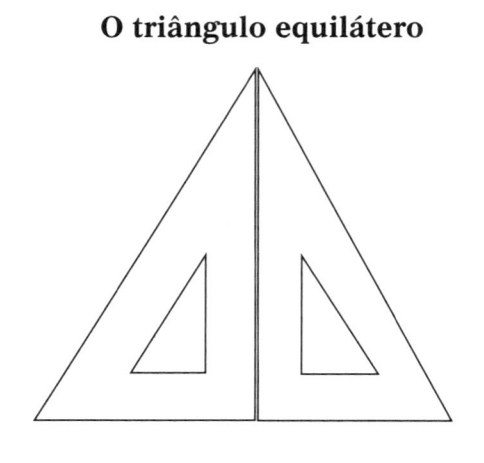

1) Retas paralelas

Para traçar, por um ponto dado, uma reta paralela a uma reta dada:

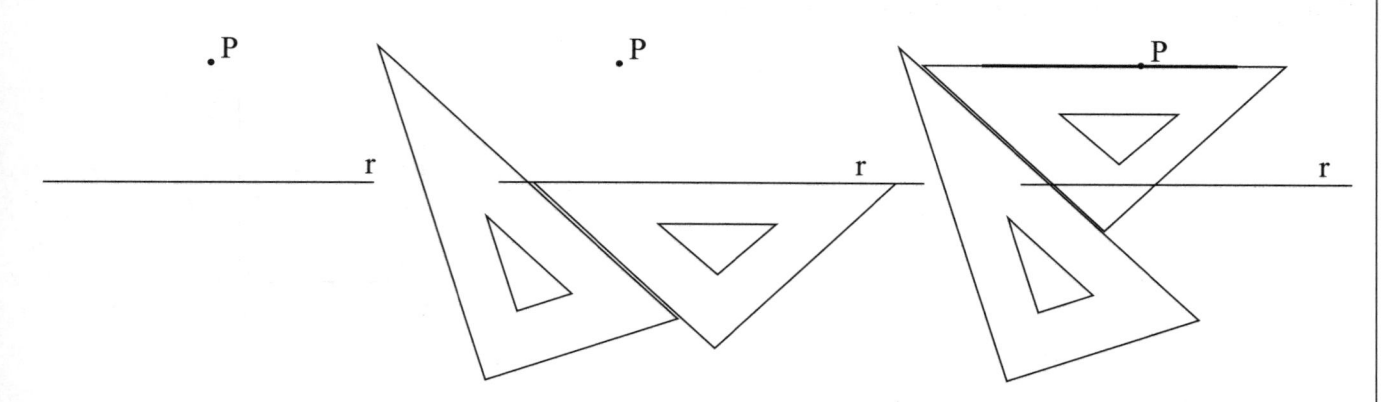

2) Retas perpendiculares

Para traçar, por um ponto dado, uma reta perpendicular a uma reta dada:

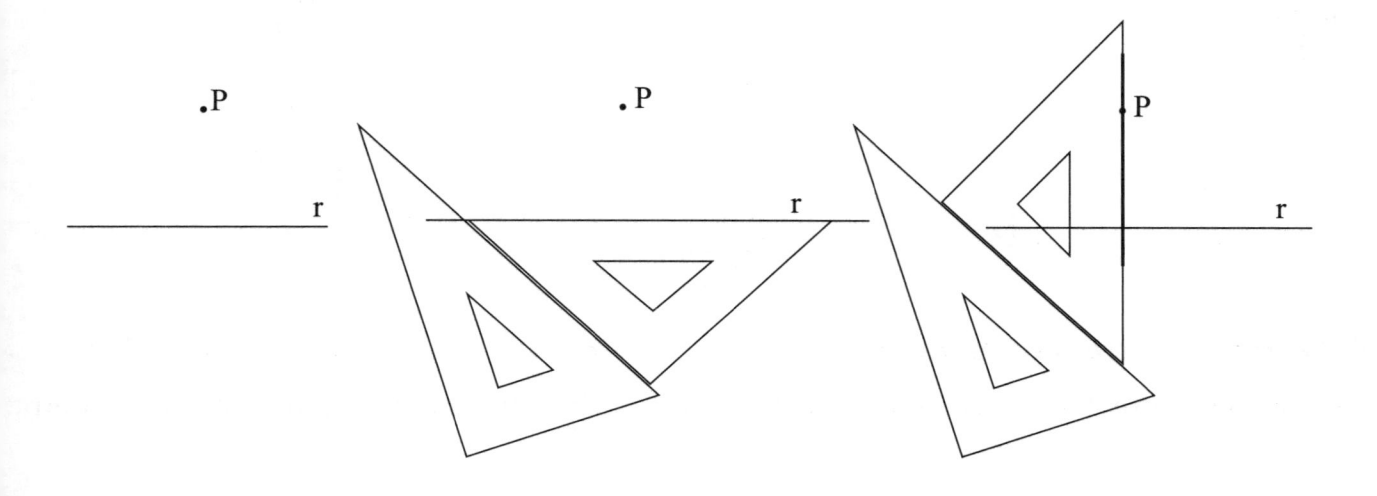

3) Projeção ortogonal de um ponto

A projeção ortogonal de um ponto **P** sobre uma reta **r** é o pé da reta perpendicular a **r** conduzida por **P**. (**Pé** da reta perpendicular a uma outra é o ponto de intersecção delas).

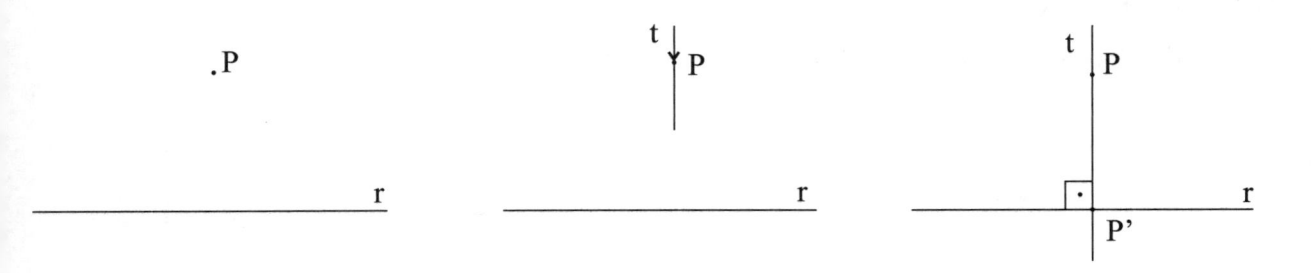

P' é a projeção ortogonal de **P** sobre **r**

Resp: **231** a) 49 cm² b) 40 cm c) 120 cm² d) 28 cm e) 288 cm² f) 140 cm²
g) 32 cm h) 96 cm² i) 150 cm² j) 70 cm² k) 120 cm²
232 a) 180 cm² b) 84 cm² c) 150 cm² d) 54 cm² **233** a) 120 cm² b) 125 cm²
234 50 cm ou 28 cm ou 22 cm ou 20 cm

4) Projeção ortogonal de um segmento

A projeção ortogonal de um segmento AB sobre uma reta r é o segmento determinado pelas projeções ortogonais dos pontos **A** e **B** sobre **r**.

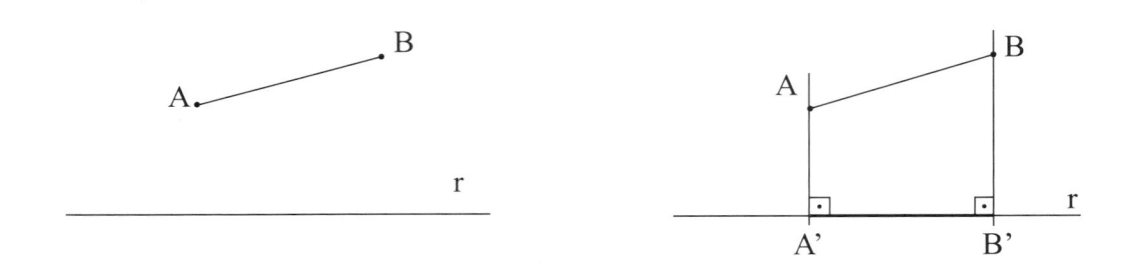

$\overline{A'B'}$ é projeção ortogonal de $\overline{AB}$ sobre **r**.

5) Distância entre ponto e reta

A distância entre um ponto **P** e uma reta **r** é igual à distância entre ele e a projeção ortogonal dele sobre **r**.

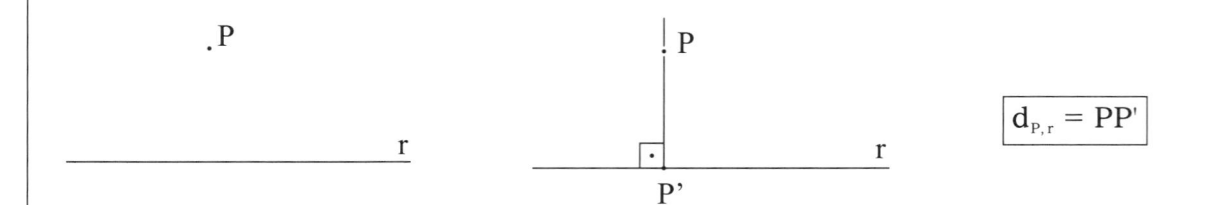

$$d_{P,r} = PP'$$

6) Distância entre retas paralelas

A distância entre duas retas paralelas é igual à distância entre qualquer ponto de uma e a outra.

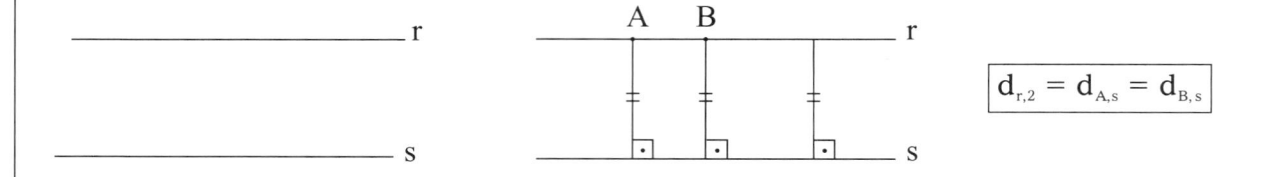

$$d_{r,2} = d_{A,s} = d_{B,s}$$

7) Ângulo de 45°

Para traçar, dado um de seus lados, um ângulo de 45°:

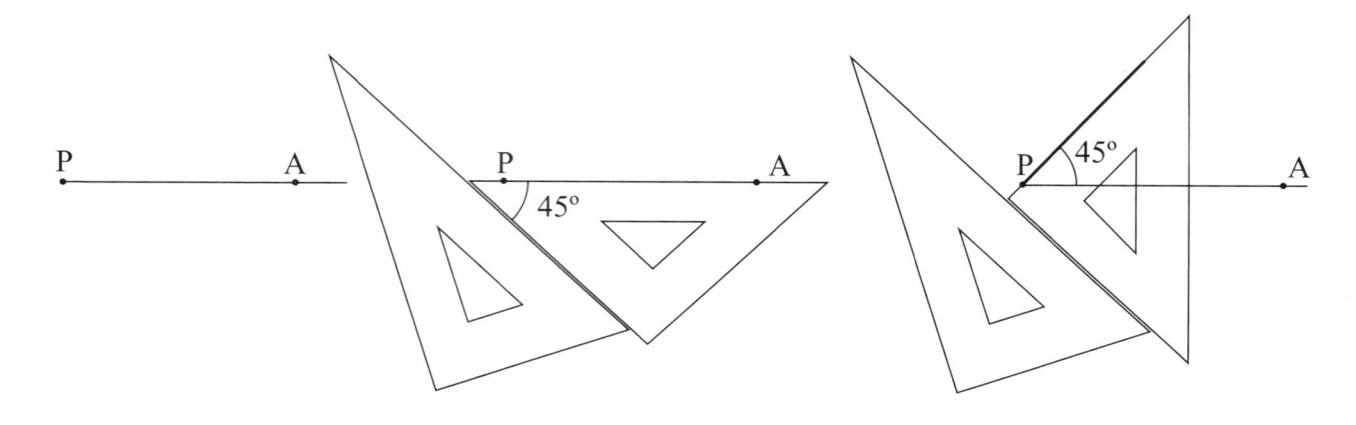

8) Ângulo de 30°

Para traçar, dado um de seus lados, um ângulo de 30°:

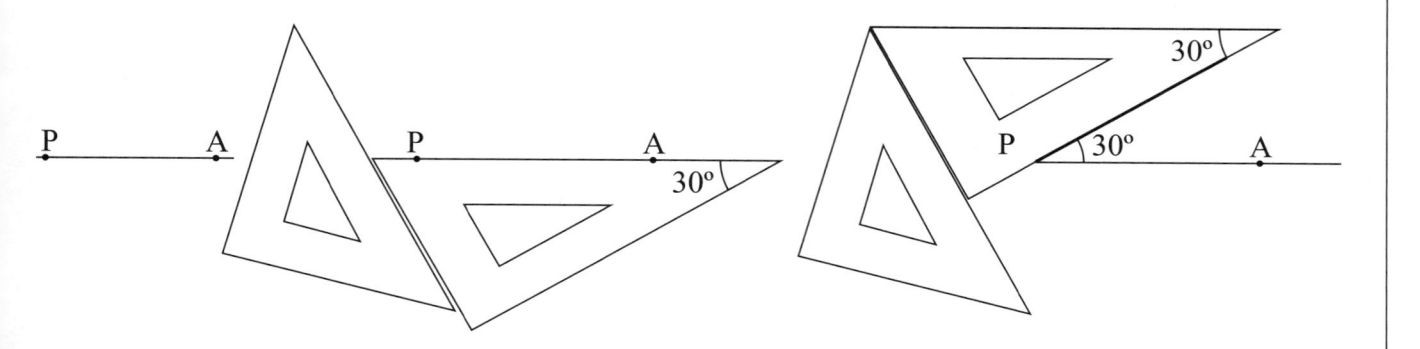

9) Ângulo de 60°

Para traçar, dado um de seus lados, um ângulo de 60°:

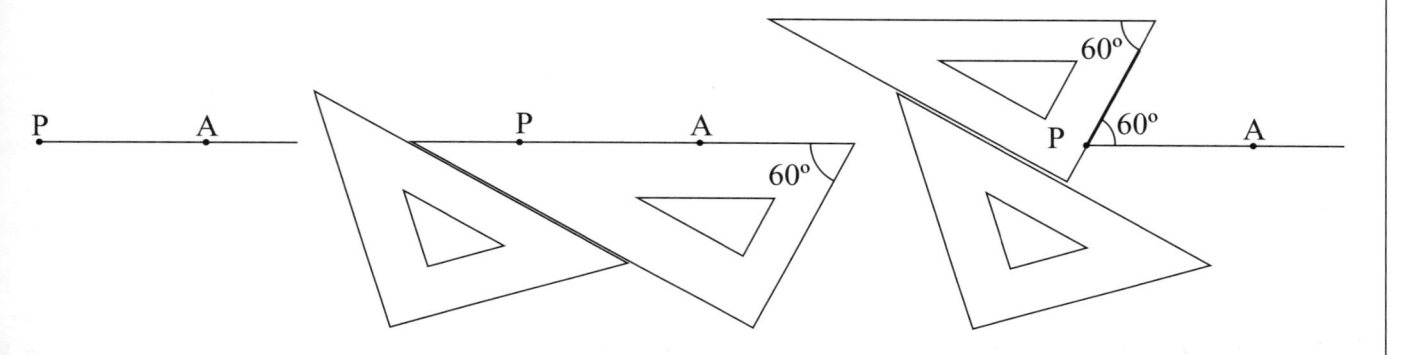

Obs.: Como exemplo, veja um outro modo, para construir um ângulo de 60°:

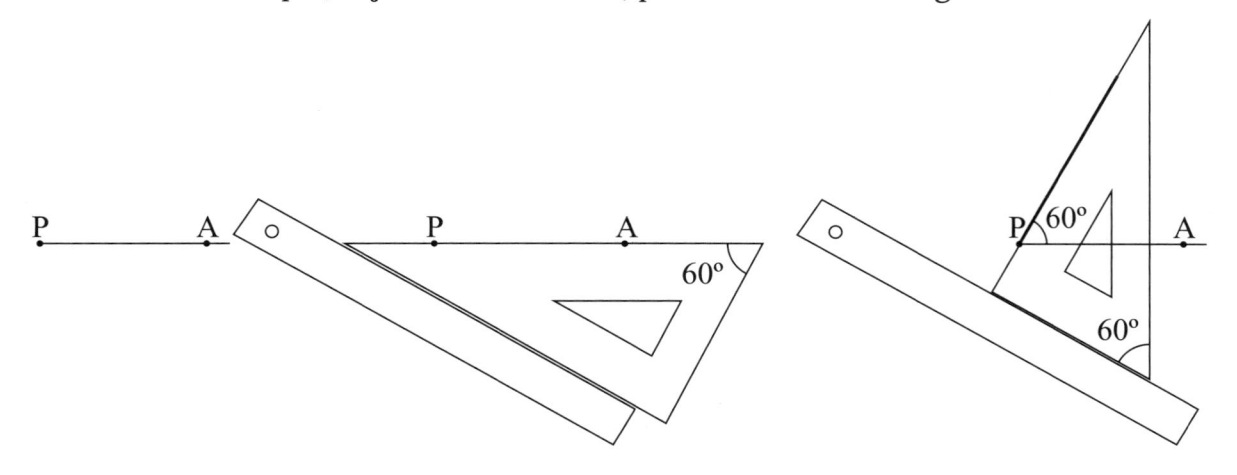

Obs.: Em outro ano vamos ver as construções desses ângulos utilizando apenas régua e compasso.

Recomendação: Deve-se utilizar um jogo de esquadros pequeno.

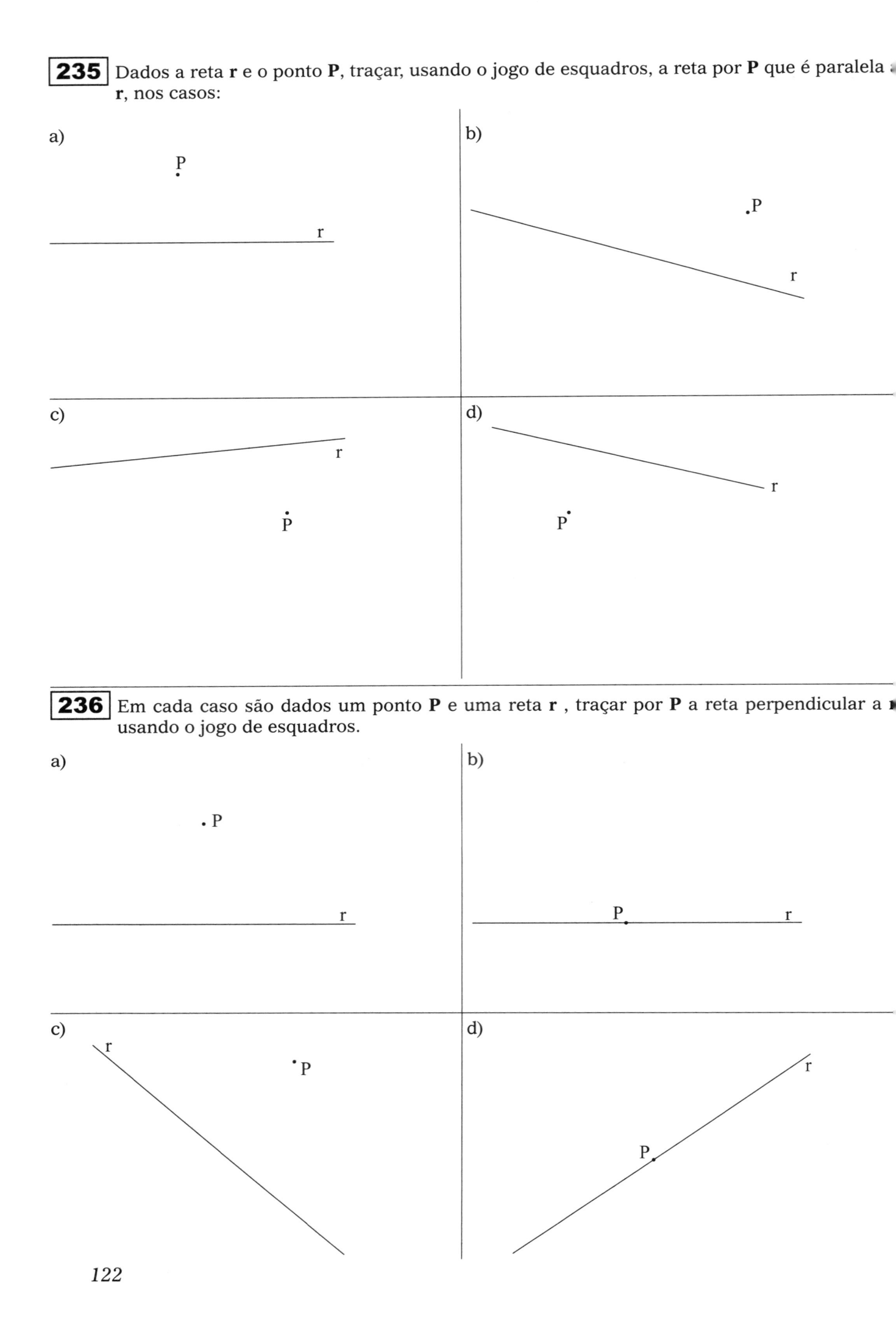

235 Dados a reta **r** e o ponto **P**, traçar, usando o jogo de esquadros, a reta por **P** que é paralela a **r**, nos casos:

a)

b)

c)

d)

236 Em cada caso são dados um ponto **P** e uma reta **r**, traçar por **P** a reta perpendicular a **r** usando o jogo de esquadros.

a)

b)

c)

d)

237 Traçar pelos pontos dados as retas paralelas à reta **r** dada, nos casos:

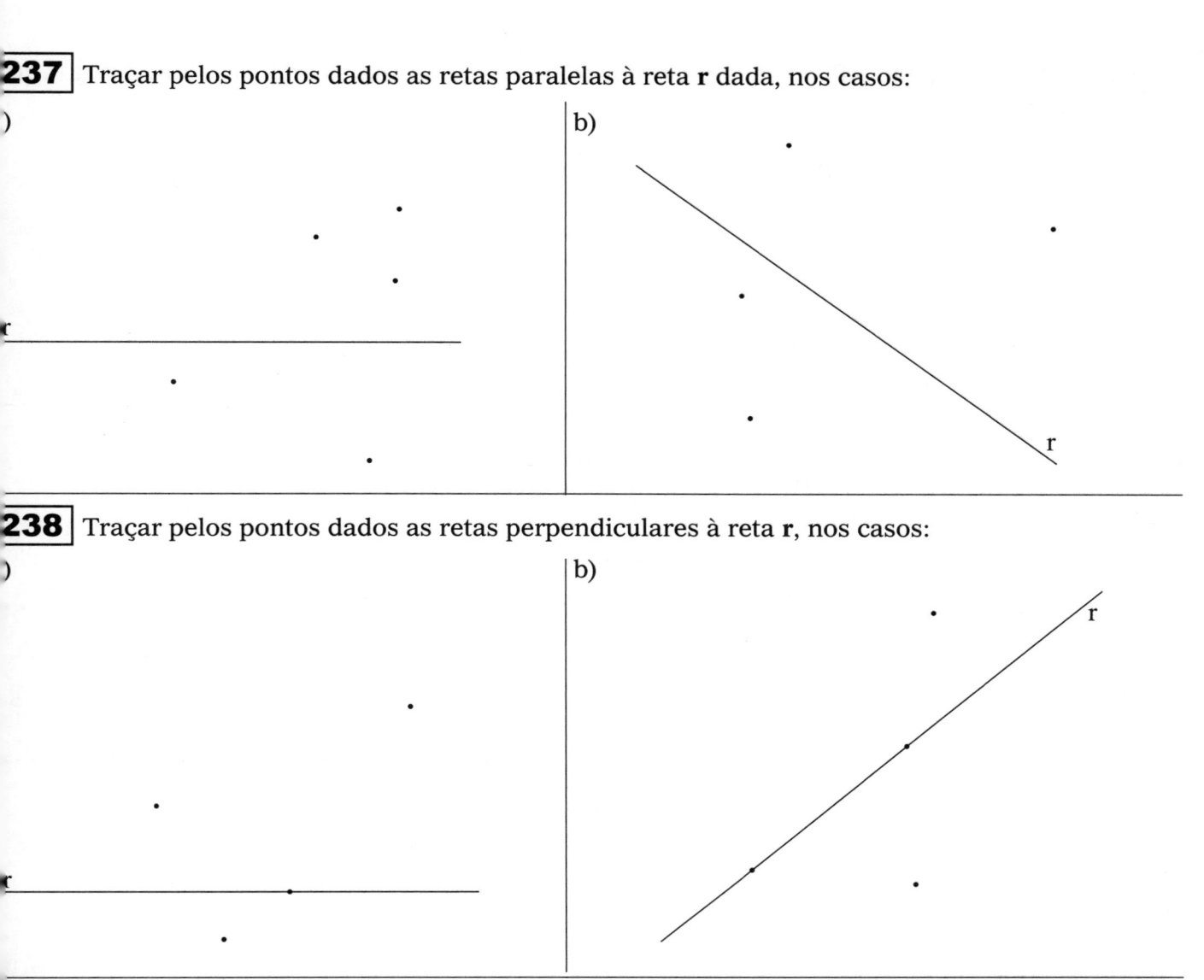

a)   b)

238 Traçar pelos pontos dados as retas perpendiculares à reta **r**, nos casos:

a)   b)

239 Dadas as retas concorrentes **r** e **s**, traçar pelos pontos assinalados sobre **s** as retas paralelas e as retas perpendiculares à reta **r**.

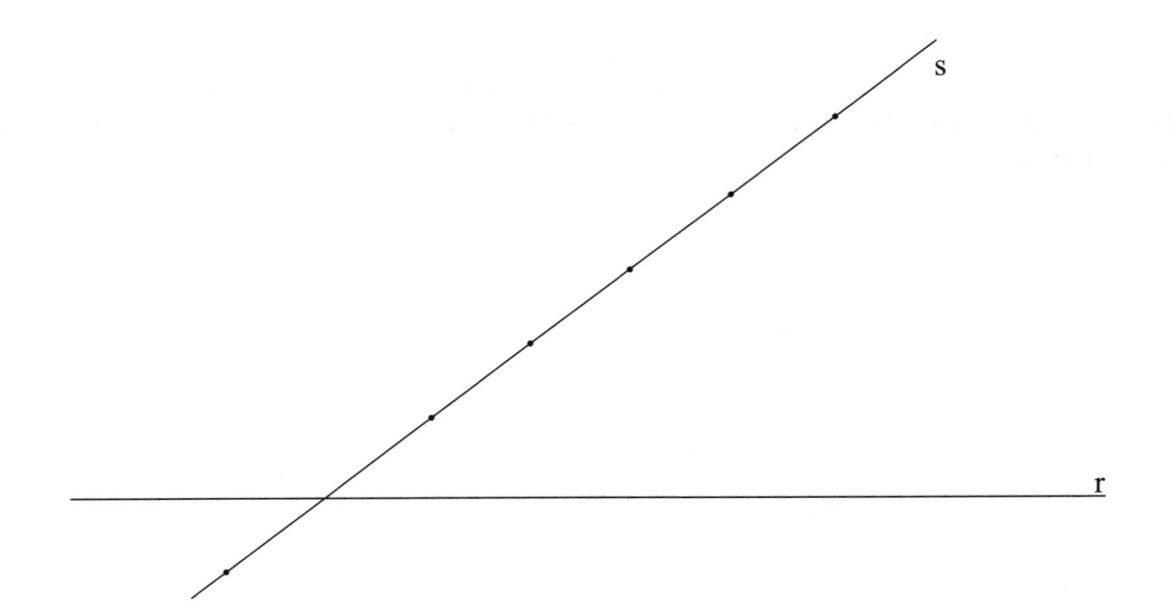

240 Dado o segmento AB e a reta **r**, determine a projeção ortogonal de AB sobre a reta **r**, nos casos:

a)

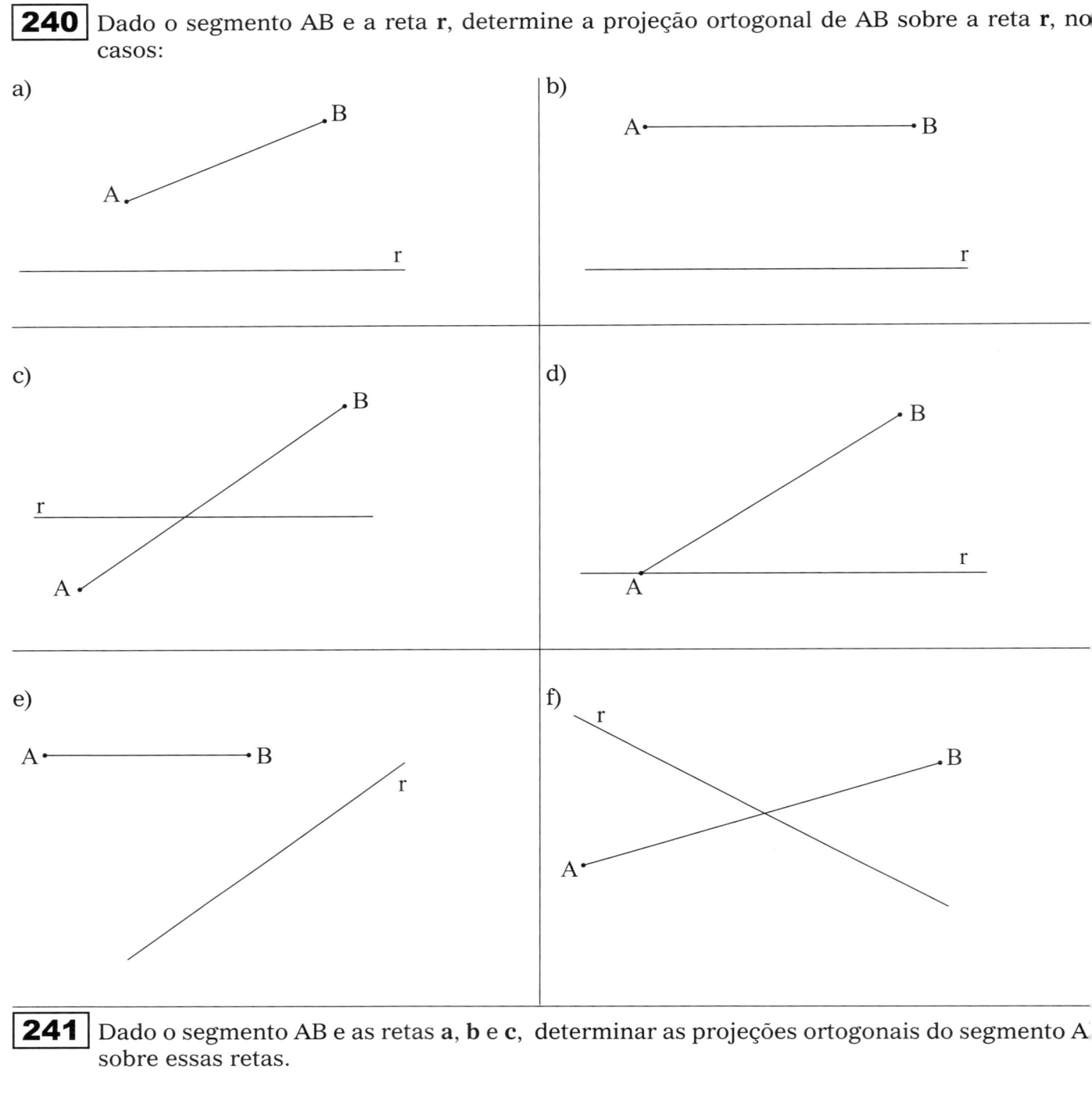

b)

c)

d)

e)

f)

241 Dado o segmento AB e as retas **a**, **b** e **c**, determinar as projeções ortogonais do segmento AB sobre essas retas.

124

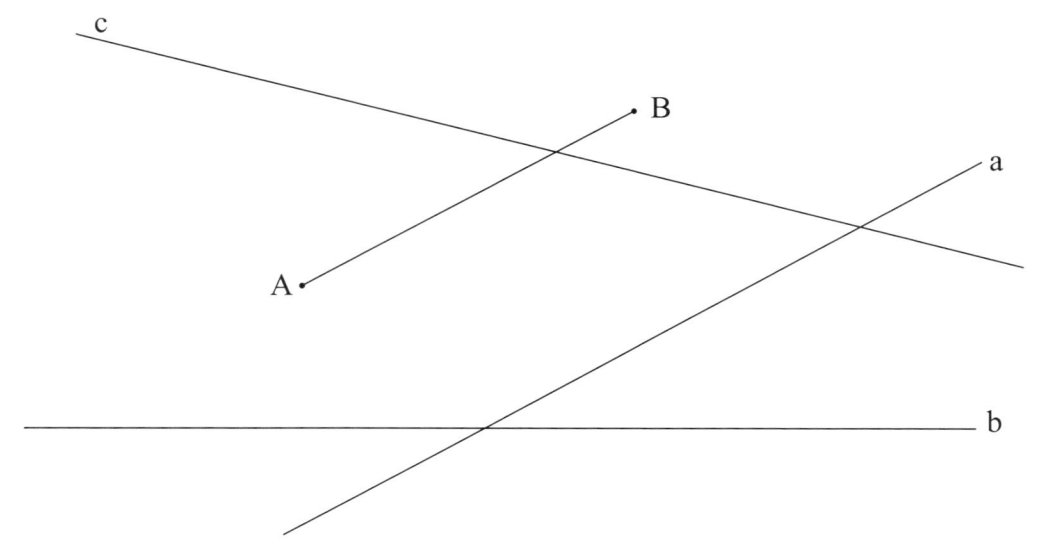

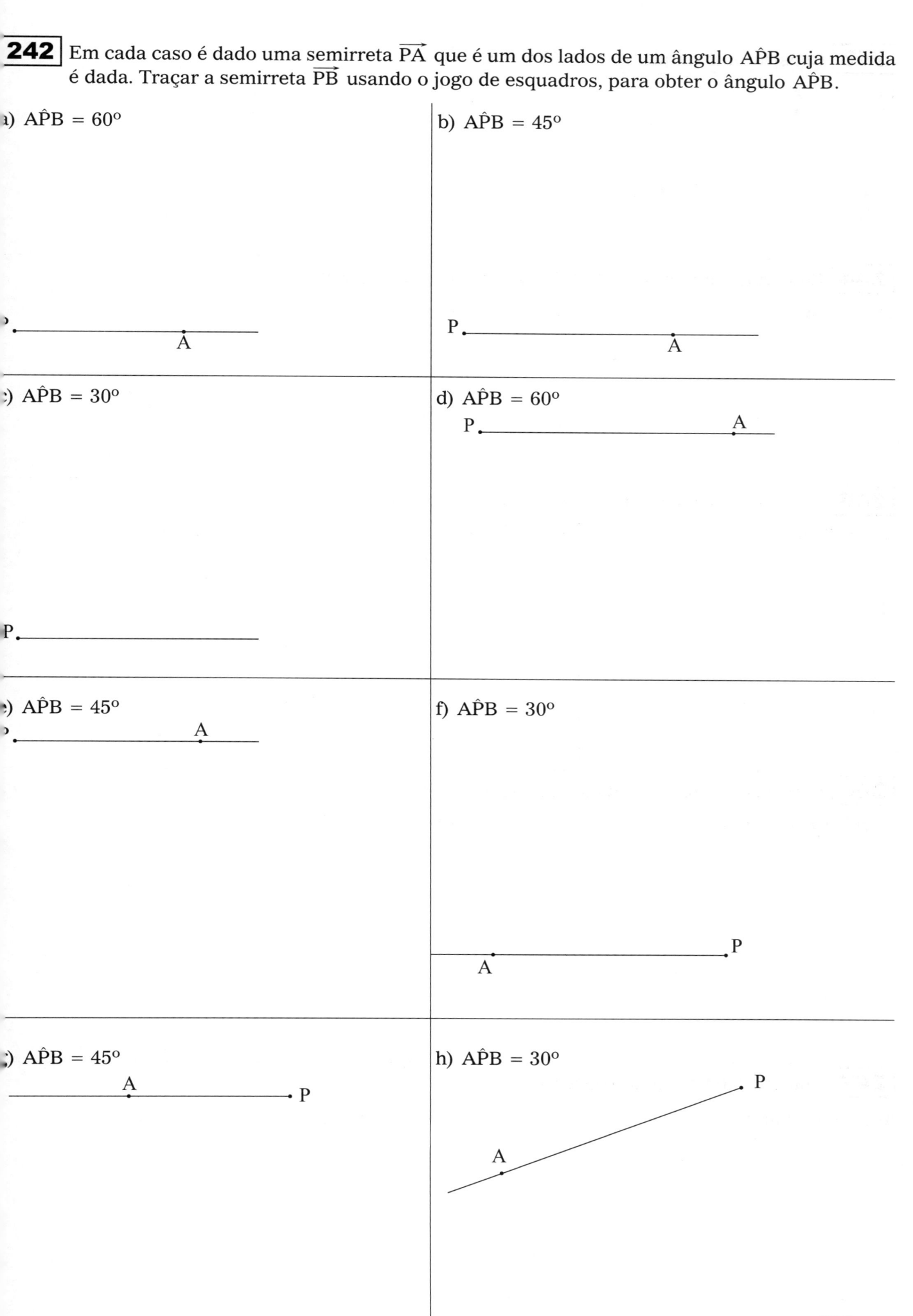

242 Em cada caso é dado uma semirreta $\vec{PA}$ que é um dos lados de um ângulo $A\hat{P}B$ cuja medida é dada. Traçar a semirreta $\vec{PB}$ usando o jogo de esquadros, para obter o ângulo $A\hat{P}B$.

a) $A\hat{P}B = 60°$

b) $A\hat{P}B = 45°$

c) $A\hat{P}B = 30°$

d) $A\hat{P}B = 60°$

e) $A\hat{P}B = 45°$

f) $A\hat{P}B = 30°$

g) $A\hat{P}B = 45°$

h) $A\hat{P}B = 30°$

125

243 Construir um paralelogramo ABCD, nos casos:

a)   A

   B   C

b)   A   B

            C

244 Construir um retângulo ABCD, com BC sobre a reta **r**, nos casos:

a)   A

            C

b)   C

              r

         A

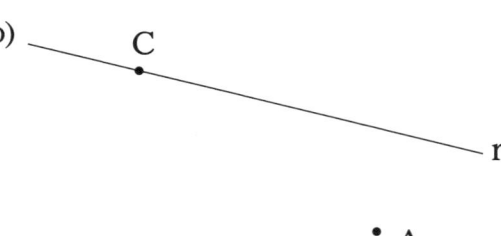

245 Construir um quadrado dado o lado **a**, nos casos:

a) a = 3 cm   b) a = 20 mm   c) a = 0,25 dm

246 Construir um losango, dado um ângulo e o lado **a**.

a) 60° e a = 36 mm   b) 45° e a = 0,37 dm

247 Construir um retângulo dados os lados.

a) 3 cm e 45 mm   b) 0,27 dm e 0,046 m

3 – Primas

A definição rigorosa de prismas será vista no Ensino Médio.

Aqui serão vistas algumas características que permitem diferenciar prismas de outros poliedros que não são prismas.

O prisma tem duas bases que são polígonos congruentes, contidas em planos paralelos distintos, com lados correspondes paralelos, que determinam suas faces laterais, que são paralelogramos.

A altura de um prisma é a distância entre os planos das bases.

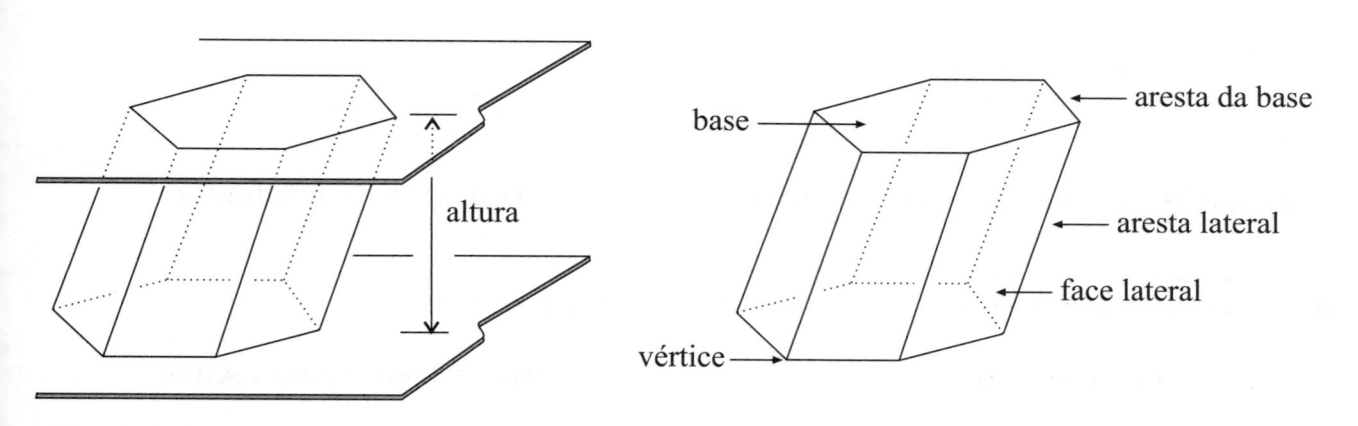

1) Prisma reto e prisma oblíquo

Prisma reto é aquele e cuja aresta lateral é perpendicular ao plano da base e o **prisma oblíquo** é aquele cuja aresta lateral é obíqua ao plano da base.

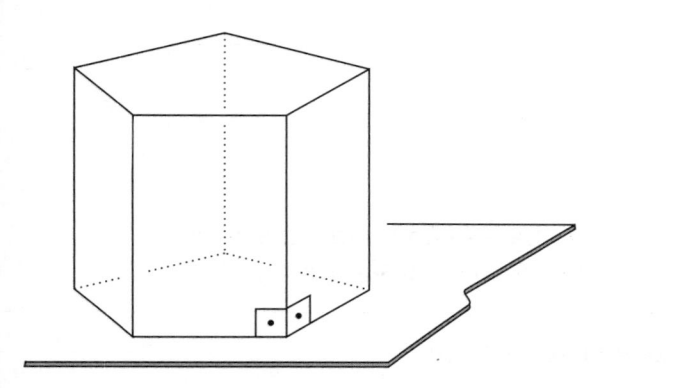

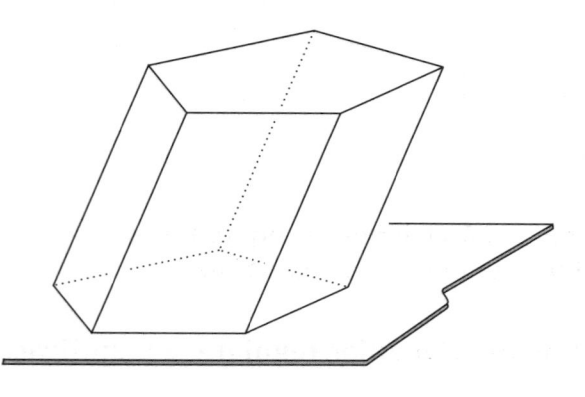

2) Classificação quanto à base

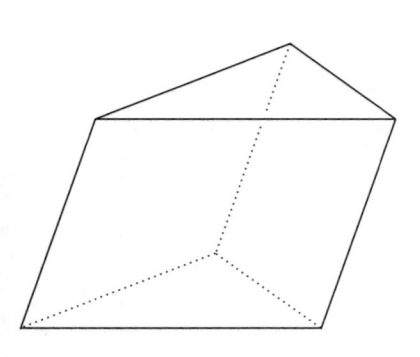

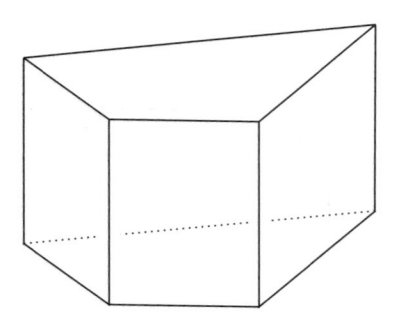

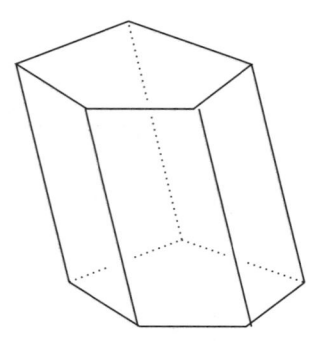

Note que:

Prisma triangular tem 5 faces, 9 arestas e 6 vértices.

Prisma quadrangular tem 6 faces, 12 arestas e 8 vértices.

Prisma pentagonal tem 7 faces, 15 arestas e 10 vértices.

3) Os dois prismas mais "famosos"

O paralelepípedo retângulo (bloco retângular) e o cubo (hexaedro regular).
Todo cubo é também um paralelepípedo retângulo.

Paralelepípedo retângulo

Cubo

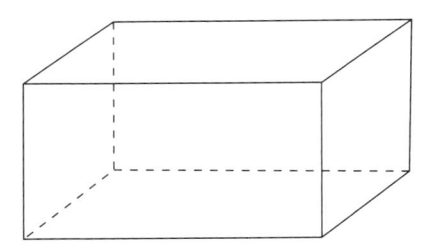

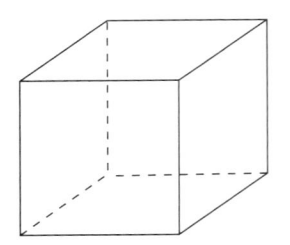

Faces opostas são retângulos congruentes.

As 6 faces são quadrados.

4) Prisma regular: É o prisma reto cuja base é um polígono regular.

Prisma triangular regular

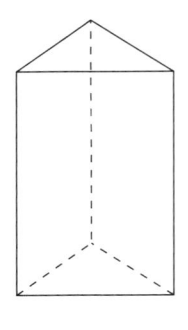

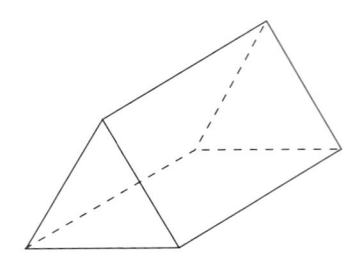

Prisma quadrangular regular

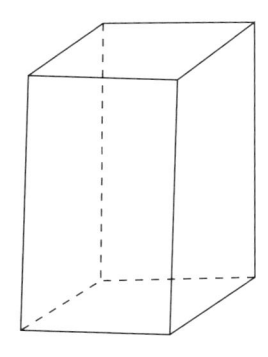

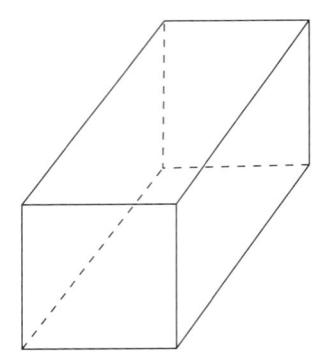

As bases são triângulos equiláteros e as faces laterais são retângulos.

As bases são quadrados e as faces laterais são retângulos.

5) Prisma triangular regular e a planificação da sua superfície

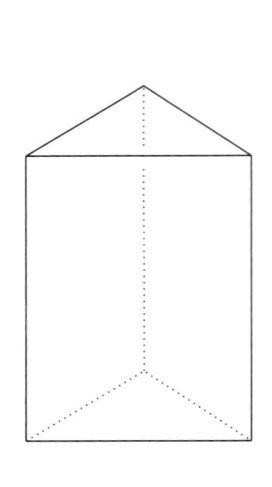

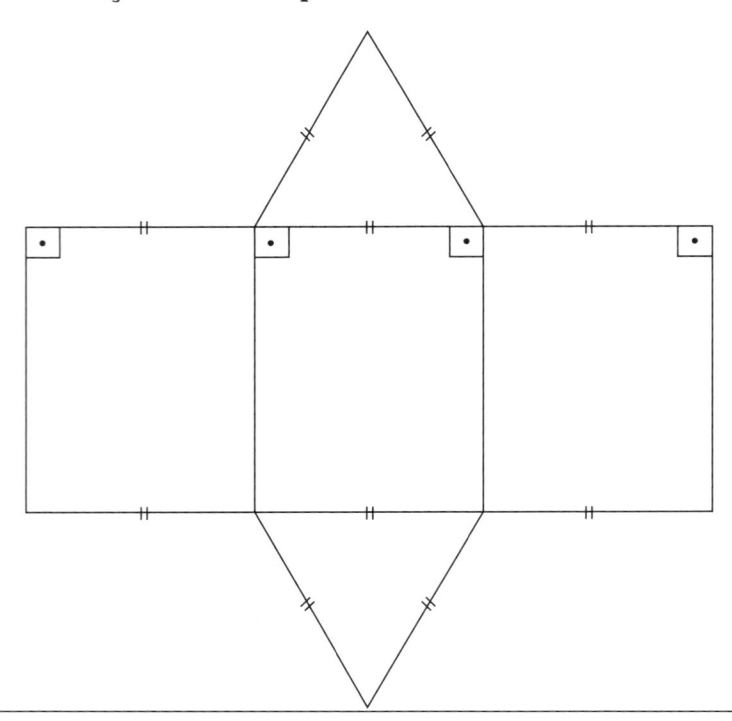

248 Em cada caso é dado um prisma.

1) Determinar os números de vértices (V), faces (F) e arestas (A) e relacionar V + F com A.

2) Como em cada vértice tem-se 3 arestas, multiplique o número de vértices por 3 e relacione com A.

3) Some, o produto do número de bases pelo número de arestas de cada base, com o produto do número de faces laterais pelo número de arestas de cada face lateral e relacione esta soma com A.

a) Prisma triangular

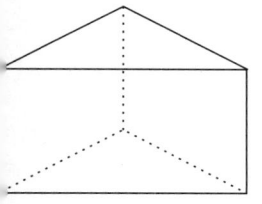

b) Prisma quadrangular

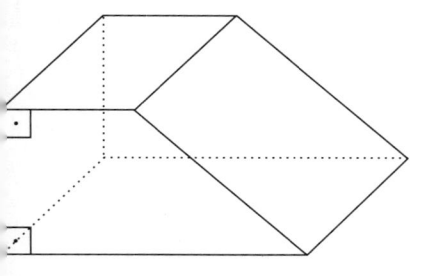

c) Prisma hexagonal

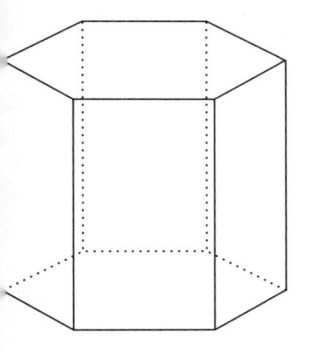

d) Prisma pentagonal

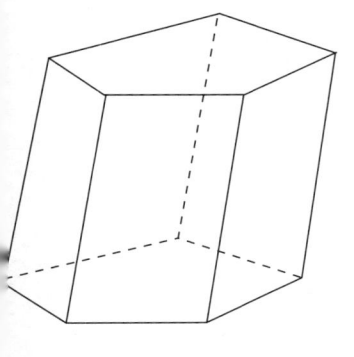

249 Em casa caso foi feito uma translação das vértices do prisma esboçado. Completar o esboço do prisma usando os vértices transladados. As linhas que não seriam visíveis se ele fosse opaco, devem ser pontilhadas.

a)

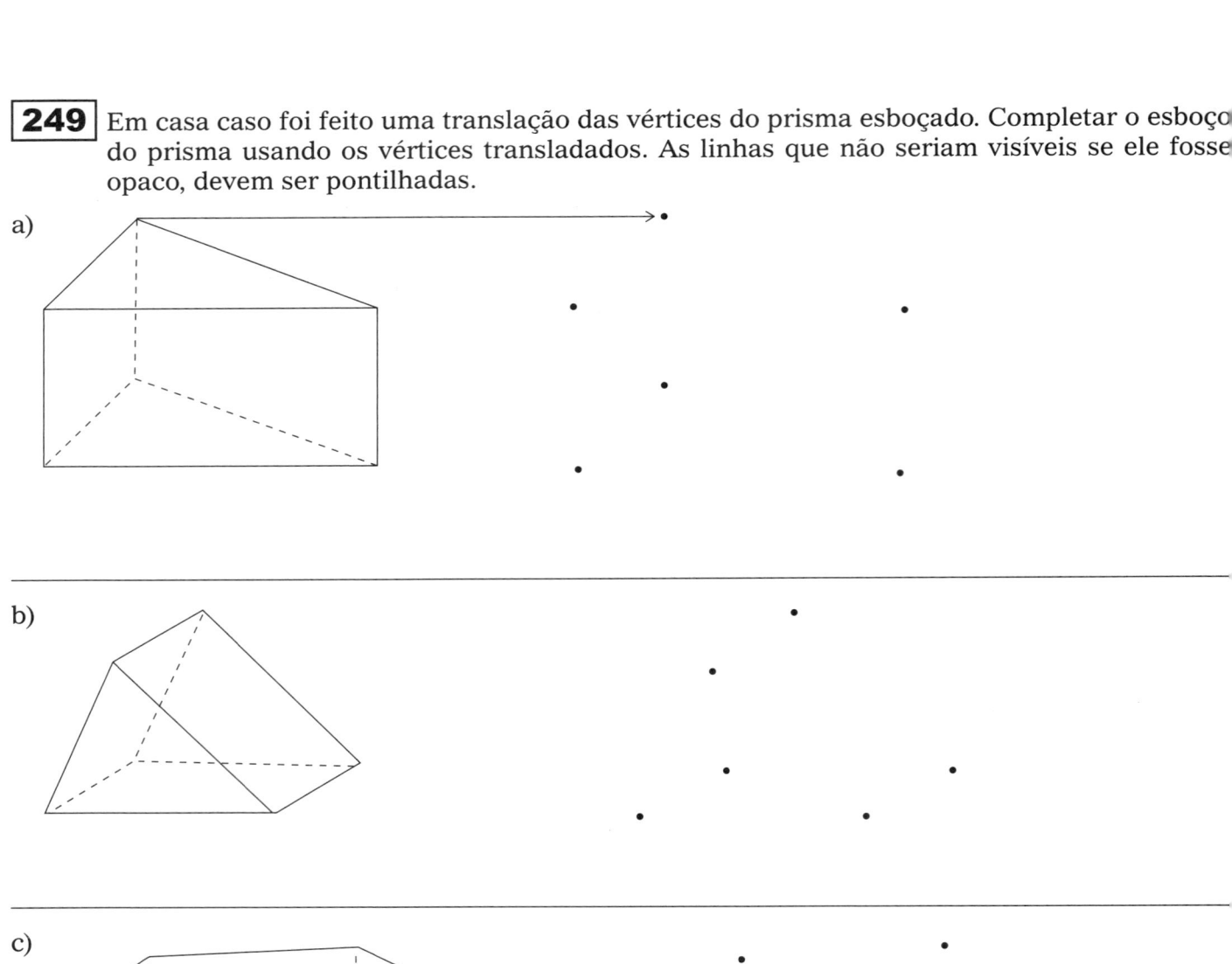

b)

c)

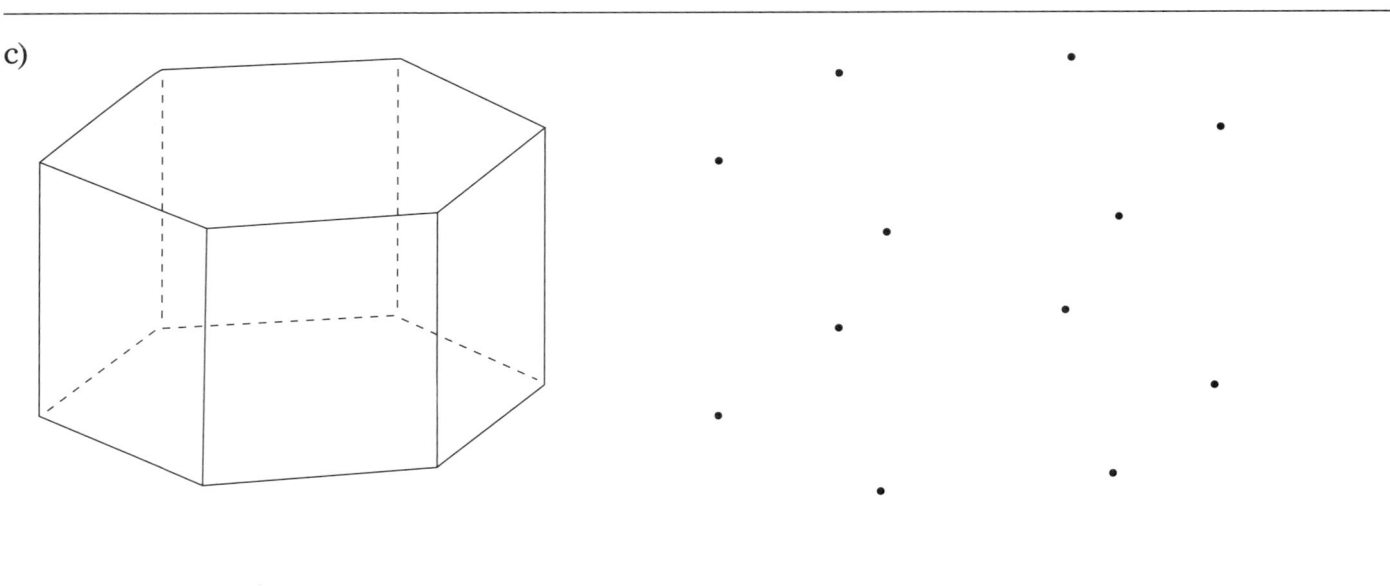

d)

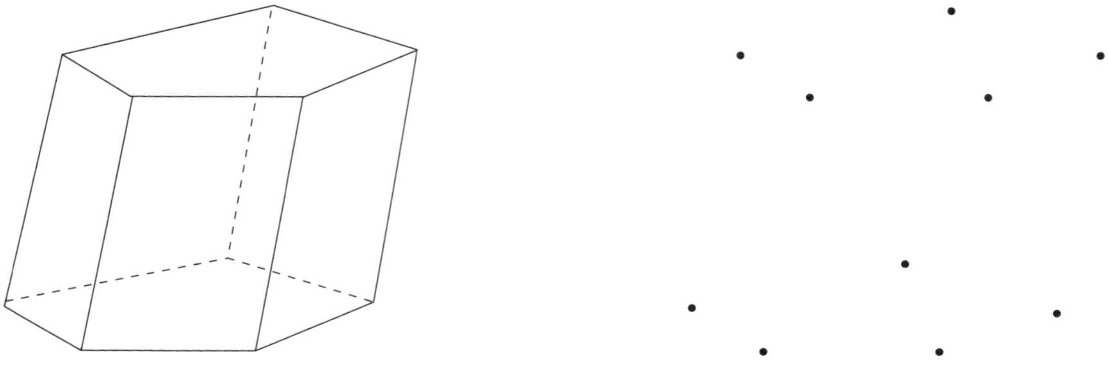

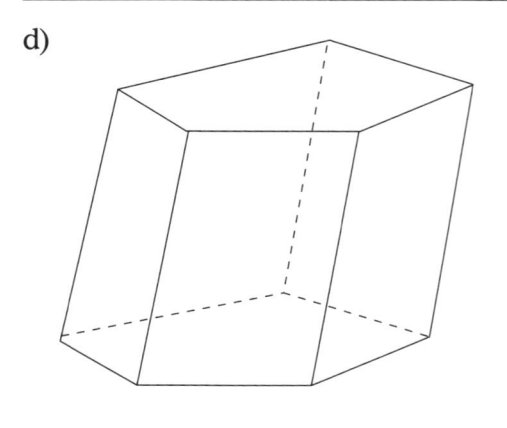

250 Desenhar a planificação, nos casos:

a) Prisma triangular regular com aresta da base com 3 cm e lateral com 3,5 cm.

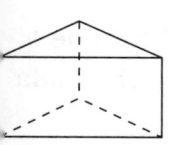

b) Prisma hexagonal regular com aresta da base com 2,3 cm e lateral com 3 cm.

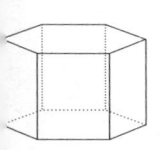

4 – Pirâmides

1 – Definições

1) Pirâmide: Considere um polígono convexo contido em um plano α e um ponto **P** fora de α. A união de todos os segmentos com uma extremidade em **P** e a outra no polígono é chamada **pirâmide**.

Note que a pirâmide assim definida é um poliedro convexo.

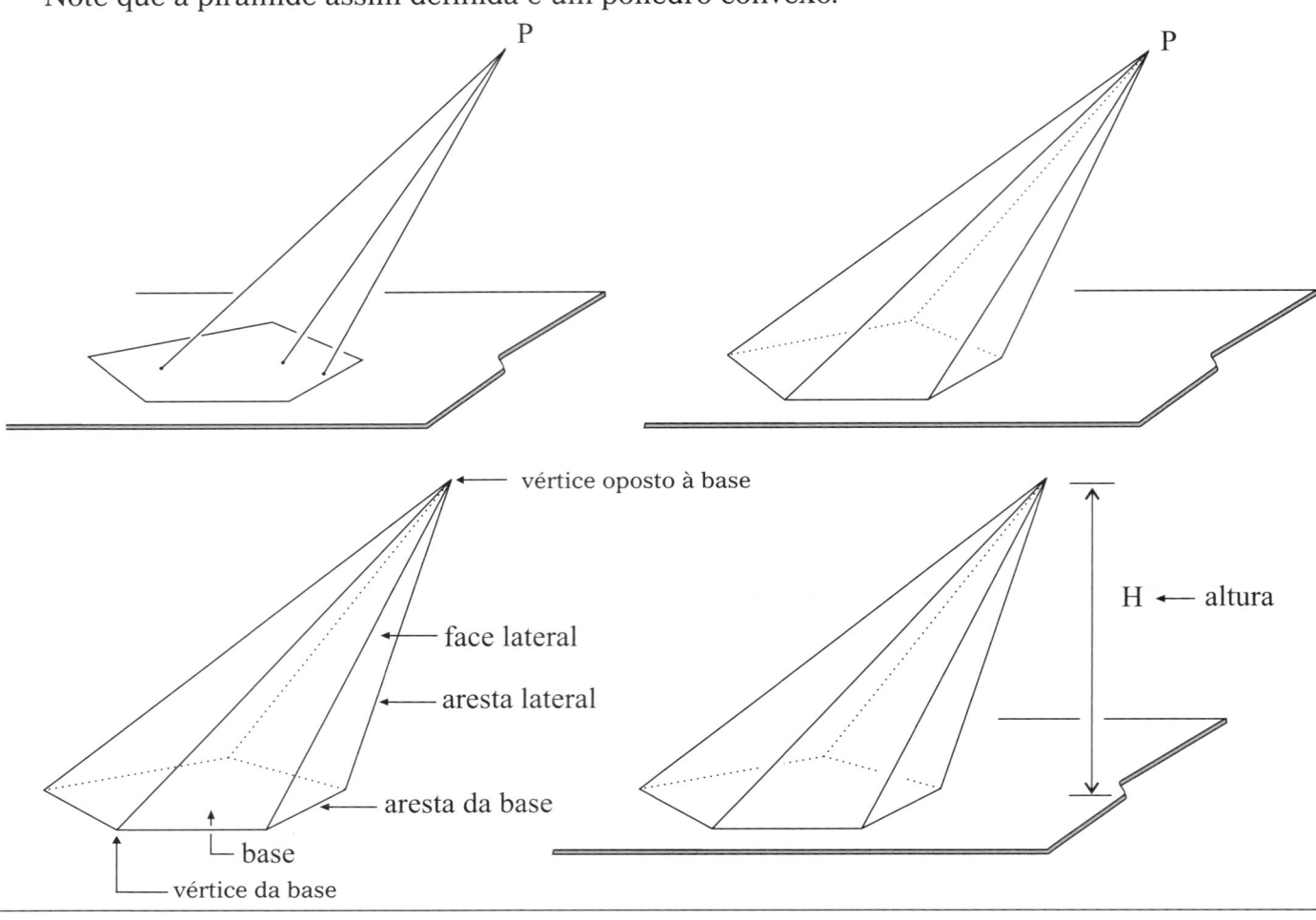

– vértice oposto à base
– face lateral
– aresta lateral
– aresta da base
– base
– vértice da base

H ← altura

2) Classificação quanto à base

Se a base de uma pirâmide for um triângulo, um quadrilátero, um pentágono etc, ela receberá, respectivamente, o nome de pirâmide triangular, pirâmide quadrangular, pirâmide pentagonal etc.

Pirâmide triangular   **Pirâmide quadrangular** 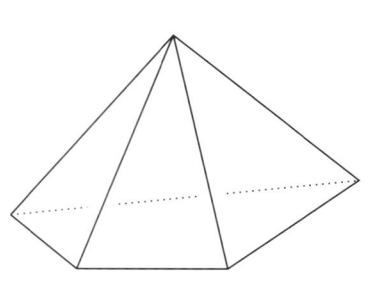   **Pirâmide pentagonal**

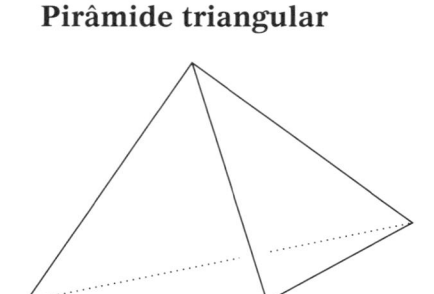

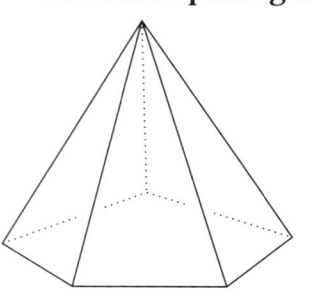

Note que: A pirâmide triangular tem 4 faces, 4 vértices e 6 arestas.

A pirâmide triangular é um tetraedro.

A pirâmide quadrangular tem 5 faces, 5 vértices, e 8 arestas.

A pirâmide pentagonal tem 6 faces, 6 vértices e 10 arestas.

3) Pirâmide regular

Pirâmide regular é a pirâmide cuja base é um polígono regular (triângulo equilátero, quadrado, pentágono regular etc) e a projeção ortogonal do vértice oposto à base, sobre o plano da base, é o centro da base. Centro de um polígono regular é o centro da circunferência circunscrita (que coincide também com o centro da inscrita).

Pirâmide triangular regular

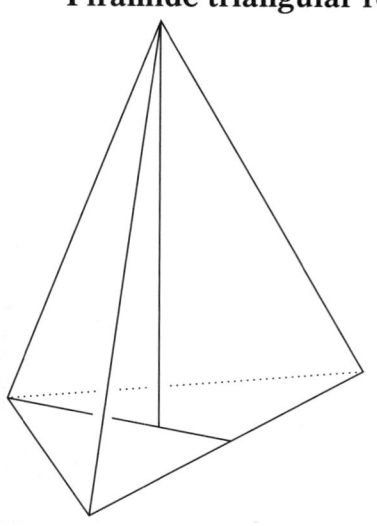

Pirâmide quadrangular regular

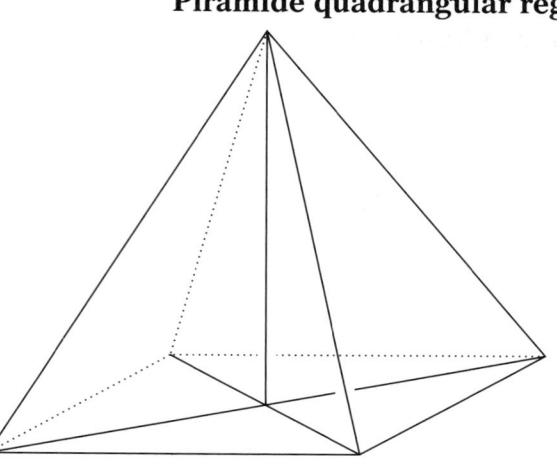

4) Planificação da superfície

Pirâmide triangular regular

Obs.: Nos enunciados dos exercícios, considerar como base da pirâmide triangular regular a sua face equilátera.

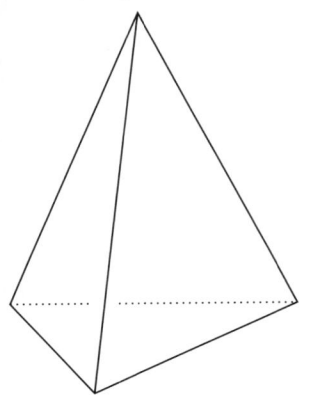

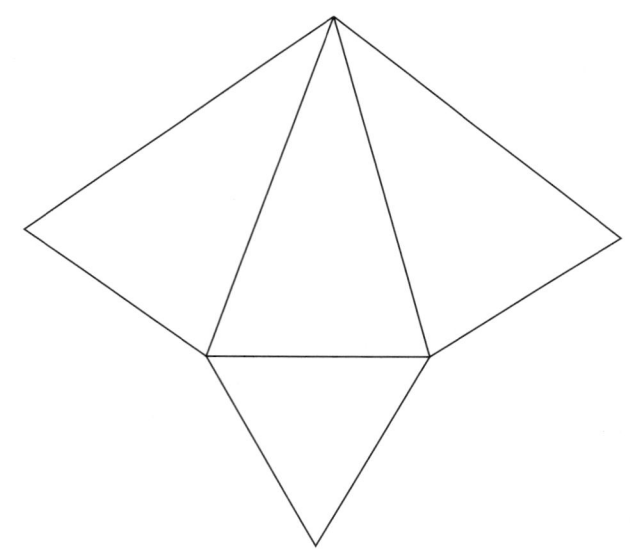

Pirâmide quadrangular regular.

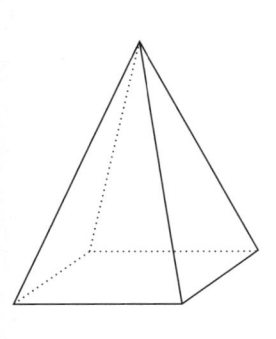

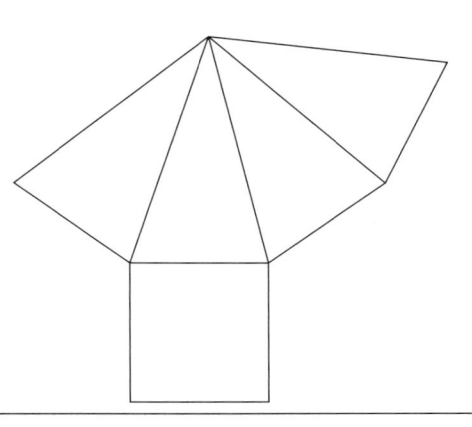

251 Em cada caso temos uma pirâmide.

1) Determinar os números de vértices (V), faces (F) e arestas (A) e relacionar V + F com A.

2) Somar o número de arestas da base com o produto do número de faces laterais por 3 e relacionar esta soma com A.

3) Somar o número de arestas do vértice oposto à base com o produto do número de vértices da base por 3 e relacionar esta soma com A.

a) Pirâmide quadrangular

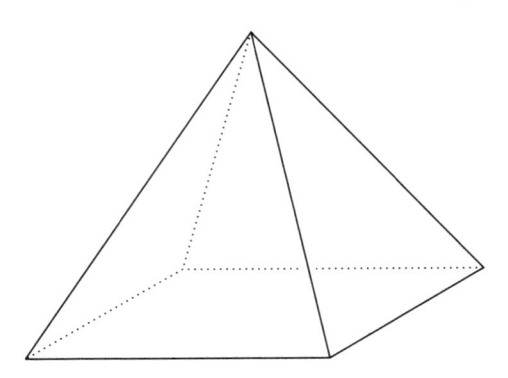

b) Pirâmide pentagonal

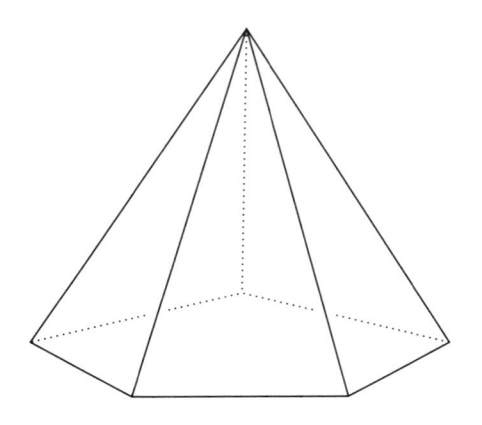

c) Pirâmide hexagonal

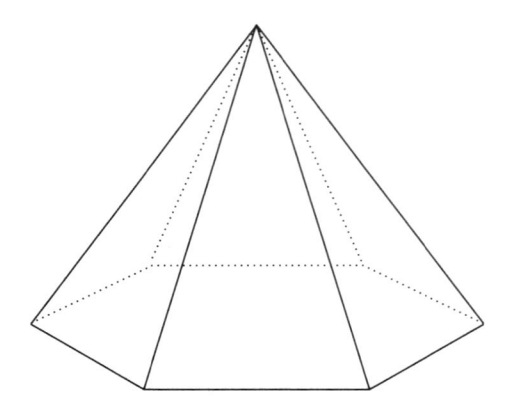

252 Em cada caso foi feito uma translação dos vértices da pirâmide esboçada. Completar o esboço da pirâmide usando os vértices transladados. As linhas que não seriam visíveis se ele fosse opaco devem ser pontilhadas.

a) Pirâmide triangular

b) Pirâmide quadrangular

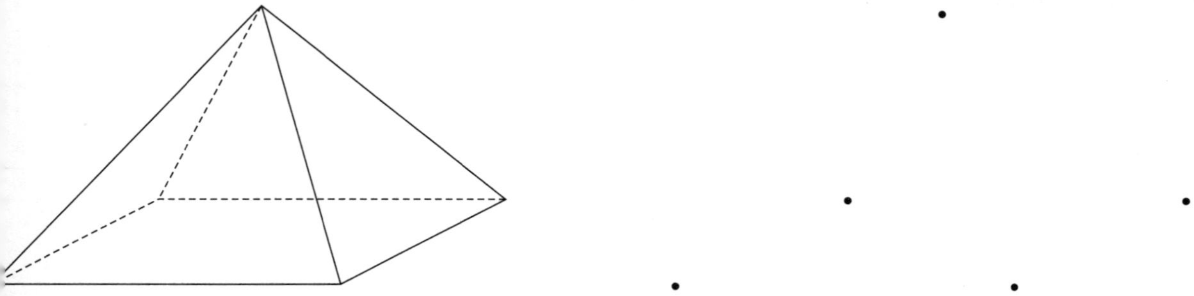

c) Pirâmide pentagonal

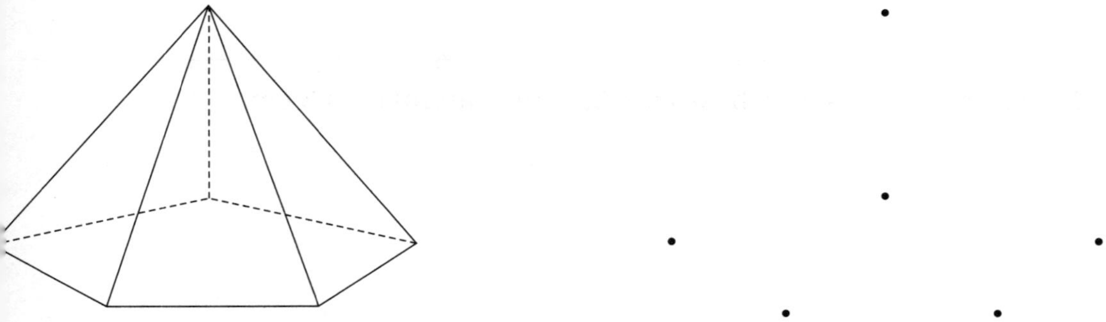

d) Pirâmide hexagonal

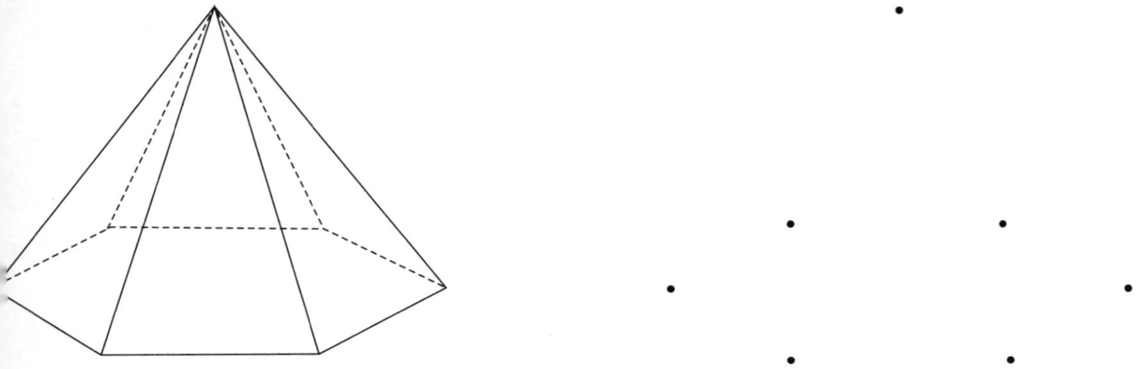

135

253 Desenhar a planificação da superfície da pirâmide, nos casos:

a) Pirâmide triangular regular com todas arestas de medida 2,5 cm.

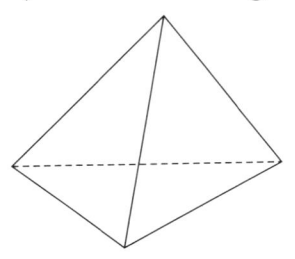

b) Pirâmide quadrangular regular com todas arestas de medida 3 cm.

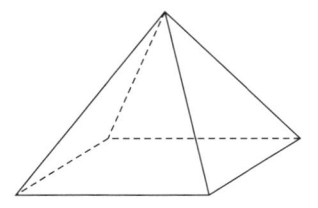

c) Pirâmide hexagonal regular com aresta da base com 2,5 cm e lateral com 3 cm.

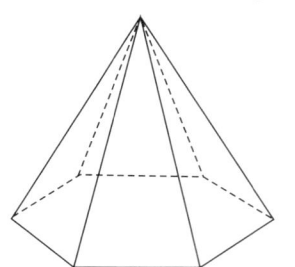